Tras los pasos de los...

PIRATAS

Para Paul y Bruno
Thierry

BLUME

Título original:
Sur les traces des... Pirates

Traducción:
Jorge González Batlle

Coordinación de la edición en lengua española:
Cristina Rodríguez Fischer

Primera edición en lengua española 2003

© 2003 Art Blume, S.L.
Av. Mare de Déu de Lorda, 20
08034 Barcelona
Tel. 93 205 40 00 - Fax 93 205 14 41
E-mail: info@blume.net
© 2002 Éditions Gallimard Jeunesse, Paris, 2003

I.S.B.N.: 84-95939-68-1
Depósito legal: B. 40.424-2003
Impreso en Filabo, S.A., Sant Joan Despí (Barcelona)

CONSULTE EL CATÁLOGO DE PUBLICACIONES *ON-LINE*
INTERNET: HTTP://WWW.BLUME.NET

Tras los pasos de los...

PIRATAS

THIERRY APRILE | FRANÇOIS PLACE

BLUME

Tras los pasos de los...

PIRATAS

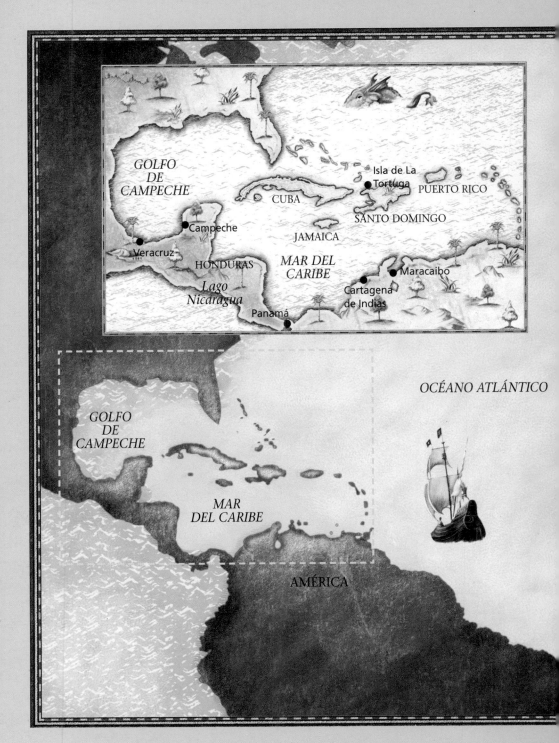

GOLFO
DE
CAMPECHE

Isla de La
Tortuga

PUERTO RICO

CUBA

Campeche

SANTO DOMINGO

Veracruz

JAMAICA

HONDURAS

MAR DEL
CARIBE

Maracaibo

Lago
Nicaragua

Cartagena
de Indias

Panamá

GOLFO
DE
CAMPECHE

OCÉANO ATLÁNTICO

MAR
DEL CARIBE

AMÉRICA

INGLATERRA

PROVINCIAS
UNIDAS

Le Havre

EUROPA

FRANCIA

ESPAÑA

PORTUGAL

MAR
MEDITERRÁNEO

ÁFRICA

<u>LAS ISLAS DEL NUEVO MUNDO</u>
El término «Caribe» procede de los caribes,
pueblo amerindio que dominaba esta región
en tiempos de la llegada de Cristóbal Colón
a sus costas, y es sinónimo de «Antillas».

Rumbo a las Antillas

Es primero de mayo del año 1666. Me encuentro recorriendo los muelles del puerto de **Havre-de-Grâce**, donde hay un sinfín de navíos **amarrados**. Busco el *Saint-Jean* para embarcarme en él rumbo a las Antillas. En mi mano llevo el contrato que he firmado con la Compañía, propietaria de todas las Antillas francesas del continente americano. Para pagar la travesía, me he comprometido a trabajar tres años a su servicio.

Por fin encuentro el navío al que voy a confiar mi destino. Me subo a bordo y un viejo marino de **tez** bronceada me llama. El anillo que lleva en una de las orejas brilla al sol.

–¿Cómo os llamáis?

–Alexandre-Olivier Exquemelin.

–¿Qué edad tenéis?

–Acabo de cumplir veinte años.

Le muestro el contrato y busca mi nombre en una lista.

–¿Lo habéis firmado voluntariamente?

–¡Por supuesto!

La contundencia de mi respuesta le hace levantar los ojos hacia mí. Sonríe y me pregunta:

–¿Qué lleváis en vuestro equipaje?

–Varias prendas, libros, mi material de cirujía, medicinas... y tres botellas de aguardiente, tal como me han aconsejado.

Le Havre-de-Grâce: la actual Le Havre (Normandía, Francia), fundada en 1517 por Francisco I.
Amarrado: anclado, fondeado en el puerto.
Tez: rostro, cara.

–¿Sois acaso **cirujano**? En ese caso tenéis que presentaros ante el capitán.

Le sigo y me hace esperar ante una puerta, por la que al cabo de unos minutos me hace entrar. Dentro, un hombre sentado frente a una mesa cubierta con mapas levanta la vista. Examina con la mirada mi ropa y luego clava sus ojos en los míos antes de dirigirme la palabra:

–Soy Vincent Tillaye, capitán del *Saint-Jean*. Mi segundo me ha dicho que sois cirujano. Parecéis muy joven...

–Y, sin embargo, hace dos años ya que soy ayudante de Guérinier, en París.

–Vuestro nombre no me es desconocido. ¿Tenéis familia en Honfleur?

–Sí, mi padre es **boticario** allí y con él viví antes de trasladarme a Rouen primero y a París después para realizar mis estudios.

La seguridad con la que hablo me parece que le gusta.

–Sed, pues, bienvenido a bordo. Tal vez tengamos que recurrir a vuestros servicios...

Y dirigiéndose a su segundo:

–Espero que la Compañía sabrá aprovechar su talento...

Cirujano: médico que opera a los pacientes.
Boticario: antiguo nombre del farmacéutico.
Partir: emprender el viaje.

Al día siguiente, el navío **parte** por fin rumbo a las Antillas. El buen tiempo nos acompaña.

El segundo de a bordo grita las órdenes con ayuda de una especie de megáfono:

–¡Soltad amarras!

El sonido del silbato del contramaestre indica a la tripulación la buena marcha de las operaciones. Las poleas chirrían y la enorme masa del navío se pone en movimiento lentamente. ¡La travesía ha comenzado!

Voy al encuentro del capitán, que se halla en el puente de mando.

–¿Qué rumbo pensáis tomar?

–Bordearemos la costa de Francia y a continuación la del norte de España, y después nos dirigiremos rumbo a las Antillas.

–¿Por qué nos **escolta** un navío de la marina real?

–Jovencito, los barcos que nos acompañan van repletos de todo tipo de mercancías para venderlas por el mundo entero. Unos se dirigen a Senegal o incluso más al sur, otros a Terranova, y los hay que, como nosotros, se dirigen hacia las Antillas. Por lo que sé, llevamos en nuestras **bodegas** botones, agujas, platos de porcelana... *Monsieur* de Sourdis, el comandante del *Hermine*, nos acompaña precisamente para protegernos. A buen seguro, sus treinta y seis piezas de cañón sabrán disuadir a las cuatro **fragatas** inglesas que nos seguirán.

Llevamos ya una semana de travesía. No me pierdo ni un solo detalle del trabajo que lleva a cabo la tripulación.

Escoltar: acompañar con la finalidad de proteger.
Bodega: sentina, parte baja de un barco donde va la mercancía.
Monsieur: «señor» en francés.
Fragata: navío de guerra rápido y fuertemente armado.

Ya los conozco a todos: a los marineros, a los grumetes, a los pilotos, al carpintero e incluso al **escribano**... La lectura, el ajedrez y los paseos por el **castillo** me ayudan a pasar el tiempo, pues el espectáculo que ofrece la mar es más bien monótono, sin olvidar los continuos balanceos, que hacen que la cabeza me dé vueltas. Pero el aburrimiento comienza a notarse y facilita las confidencias.

Un compañero de viaje, en un primer momento intimidado ante mi ropa, mi porte y mi familiaridad con el comandante, se atreve a dirigirme la palabra.

–Es la primera vez que veo el mar, ¿y vos?

–Veréis, me crié en Honfleur, donde solía frecuentar los muelles junto a otros niños de mi edad.

–¿Conoce las Antillas?

–No, pero ardo en deseos de conocerlas. ¡Me han hablado tanto de ellas...!

–Se dice que sois cirujano y que procedéis de una buena familia. ¿Por qué os habéis comprometido, pues, con la Compañía?

Dudo por unos instantes, pero, confiado ante la noble figura de mi compañero, le explico sin titubear mi secreto.

–Sin duda sabréis que el **rey Luis** acaba de prohibir el ejercicio de numerosas profesiones a los protestantes. He ahí, señor, el motivo que me ha llevado a abandonar mi país. Y es que soy lo que por ahí han dado en

Escribano: persona responsable de anotar todos los hechos que ocurren durante una travesía.
Castillo: parte elevada del puente situada a ambos extremos de un navío.
Rey Luis: Luis XIV, que reinó en Francia entre 1643 y 1715.

llamar un **hugonote**, un seguidor de lo que los católicos llaman la «religión pretendidamente reformada».

Sin duda, en las Antillas serán más transigentes y podré ejercer en ellas mi profesión sin problema.

De pronto, empieza a caer una lluvia tan espesa que parece que se haya hecho de noche. El viento sopla con gran fuerza durante todo el día y, al día siguiente, tengo la impresión de que me ha llegado la última hora. Entonces entiendo mejor las palabras de san Pablo cuando decía: «Para aprender a rezar, hay que hacerse a la mar». Y no soy el único que recurre a las plegarias... Entonces, inexplicablemente, el mar se calma y podemos proseguir la travesía. El *Hermine* ha

Hugonote: nombre con el que los católicos franceses se referían a sus compatriotas protestantes.

quedado rezagado y el resto de navíos se han dispersado por culpa de la tempestad. De ahora en adelante, estamos solos.

Varios días más tarde, los pilotos, después de medir la **posición**, nos informan de que nos encontramos en el **trópico**. Toda la tripulación grita de alegría y emprende los preparativos de una misteriosa ceremonia. El contramaestre se sienta en una especie de trono recubierto con una piel de oveja. En sus manos sostiene una gran espada de madera y una carta marítima. En un momento dado, convoca a todos los pasajeros a comparecer ante su «tribunal». La suerte deci-

Posición: punto en que se encuentra el navío con respecto al ecuador.
Trópico: línea imaginaria que discurre paralela al ecuador. En este caso, se trata del trópico de Cáncer.

de que el primero en comparecer ante él sea yo. Entonces he de introducirme en un barreño repleto de agua salada y realizar un juramento colocando la mano situada encima de la carta.

El capitán acepta convertirse en mi padrino, ya que en realidad se trata de una especie de bautizo. A continuación recibo una auténtica lluvia de agua, pues todos los miembros de la tripulación congregados en la **cofia**, los **obenques** y la cubierta del navío empiezan a tirarme cubos y más cubos de agua. Empapado hasta los huesos, tengo que ofrecer aguardiente a toda la tripulación.

Cofia: plataforma situada en el extremo superior del mástil principal.
Obenque: cada uno de los cabos que sujeta los mástiles al navío.

Y así fue cómo pasé a formar parte de la **cofradía** de los que habían franqueado la línea...

A doscientas **millas** de las Antillas, el **vigía** nos señala en dirección a un navío inglés. Hace varias horas que nos está siguiendo, pero al final se rinde: el capitán ha sabido maniobrar con gran habilidad y ha logrado alejarse.

Nos hemos retrasado y el viaje se eterniza. El agua debe racionarse: tan sólo medio barril por día, lo justo para no morir de sed. Poco tiempo después, divisamos por fin una isla.

–La isla de Santa Lucía –nos dice el capitán. ¡Llegamos a las Antillas!

Pero nuestras penalidades no han acabado: la corriente no nos permite dirigirnos ni a la Martinica ni a Guadalupe. Sólo podemos fondear, cuatro días más tarde, el 6 de julio, en Port-Margot, en la isla de Santo Domingo, tras sesenta y seis días de navegación. Estamos al límite de nuestras fuerzas. Al poco se aproxima un **bote**. Seis hombres suben a bordo. ¡Qué aspecto tan extraño tienen! Llevan sólo una pequeña **casaca** de tela y unos calzones que les llegan hasta media pantorrilla. Tienen la piel **curtida** por el sol y algunos tienen el cabello erizado, mientras que otros lo llevan recogido. Todos lucen, una barba larga y llevan en la cintura un estuche de piel de cocodrilo con unos cuchillos enormes. El capitán nos informa de que

Cofradía: asociación.
Milla: 5,5 km aproximadamente.
Vigía: persona que escudriña el horizonte en lo alto del mástil principal.
Bote: barca, embarcación de pequeñas dimensiones.
Casaca: especie de túnica.
Curtida: endurecida y tostada por el sol y el viento.

son **bucaneros**. Nos traen carne ahumada y, en contrapartida, nosotros les regalamos aguardiente.

Poco después les llega el turno a los **nativos** del lugar, que nos ofrecen todo tipo de frutos desconocidos por nosotros con el fin de que nos refresquemos. Un marinero me indica el nombre de cada uno de ellos: albaricoques, plátanos, aguacates, mangos... Nuestra chalupa se dirige a tierra firme en busca de agua. Todo este ajetreo borra como por arte de magia los tormentos del hambre y la sed, que ya habíamos empezado a padecer.

El 7 de julio llegamos por fin a nuestro destino y echamos el ancla en la **rada** de la isla de La Tortuga. La isla me parece una enorme montaña partida por grandes acantilados y cubierta por una espesa vegetación. Poco a poco, distingo las casas y, por fin, dominando la rada, la fortaleza, a la que saludamos con siete cañonazos. Bajamos a tierra firme y nos presentamos ante *monsieur* d'Ogeron, el **gobernador**, y los notables de la isla, que nos aguardan en la orilla. Todos los que, como yo, estamos al servicio de la Compañía (los «enganchados») somos conducidos a la residencia del **delegado** principal, un tal La Vie.

–Os concedo dos días para que os repongáis y visitéis la isla. Entonces decidiremos qué puesto se os encomienda.

Dicho esto, nos mira fijamente a cada uno con malicia:

–No os retraséis, pues de lo contrario seríais desertores.

Bucanero: en su origen, cazador de animales salvajes.
Nativo: natural del lugar.
Rada: bahía o ensenada natural donde los navíos pueden hallar refugio.
Gobernador: representante del rey en la isla.
Delegado: persona que representa los intereses de la Compañía en la isla.

EN EL SIGLO XVII Europa se hallaba dividida en varias potencias: España, Inglaterra, Francia y unas recién llegadas, las Provincias Unidas (Países Bajos), que lograron independizarse de España entre 1579 y 1648.

Las *dragonnades*
Grabado que muestra a un dragón (soldado) de Luis XIV. Éstos obligaban a los protestantes a convertirse en católicos.

Felipe II
(1527-1598)

Guillermo III
(1650-1702)

> 66 Tengo que abandonar mi país porque soy lo que se ha dado en llamar hugonote. 99

Católicos y protestantes
Desde el siglo XVI, los cristianos del oeste de Europa se dividieron en católicos y protestantes. Esta división provocó en Francia las sangrientas guerras de religión. En el siglo XVII, los reyes imponían a sus vasallos una u otra confesión religiosa.

Los reyes de Europa
Felipe II, rey de España a partir de 1556, reinó sobre una gran parte de Europa y un inmenso imperio.

Guillermo III, gobernador de las Provincias Unidas desde 1672, se convirtió en 1689 en el rey de Inglaterra, Escocia e Irlanda.

El sitio de La Rochelle

El edicto de Nantes (1598) otorgó el control de algunas poblaciones francesas, como La Rochelle, a los protestantes. Pero Luis XIII quiso quitarles poder y en octubre de 1628 La Rochelle volvió a manos de los católicos.

Luis XIV

Coronado rey con sólo cinco años, Luis XIV ejerció como tal a partir de 1661. Durante su reinado, instauró un nuevo régimen político, la monarquía absoluta, y convirtió Francia en la mayor potencia europea tras una serie de continuas guerras.

El sitio al puerto de La Rochelle, población francesa en manos de los protestantes, duró más de un año

Luis XIV (1638-1715)

La rivalidad entre las potencias europeas

La mayor parte de las riquezas del mundo, y muy especialmente las del continente americano, son monopolio de España y Portugal. Los holandeses, los ingleses y los franceses fundan varias compañías de comercio con la finalidad de apropiarse de dichas riquezas por todos los medios posibles, incluido el robo a los españoles y los portugueses.

La isla de La Tortuga

Nada más desembarcar, el gobernador invita a capitán Tillaye a compartir su mesa y me ruega que lo acompañe. Accedo de buena gana, deseoso como estoy de saber algo más sobre mi destino. Accedemos, por una escalinata de hierro, a la residencia del gobernador, el fuerte de la Roca, una pequeña fortaleza dominada por una especie de **torre del homenaje**. Desde lo alto se domina toda la rada. La vista es magnífica: un frondoso bosque con todas las tonalidades imaginables de verde y salpicado de flores deslumbrantes se precipita hasta las aguas turquesas del mar. Pero la luz es cegadora y el calor, sofocante. Por suerte, en el interior, donde el aire circula libremente, el ambiente es más fresco.

El gobernador, *monsieur* d'Ogeron, nos presenta al resto de los comensales: su segundo, Michel d'Artigny, el padre **capuchino** Marc, y sus sobrinos Jacques y Charles Nepveu de Pouancey.

–Tenéis ante vuestras mercedes a la flor y nata de la nobleza **angevina**, venida a estas tierras en busca de gloria y riqueza.

Torre del homenaje: la torre más alta de un castillo.

Capuchino: miembro de la orden de los franciscanos.

Angevino: de Anjou, región francesa (capital Angers).

Este lugar marca para siempre el carácter de cualquier hombre. Tanto puede llevarle a la gloria como hacerle enloquecer. ¡Aquí los débiles no tienen nada que hacer!

La comida es sorprendente: loros a la parrilla, serpientes y lagartos asados, tortuga guisada... Pero no tengo tiempo para asombrarme de cuanto nos sirven, pues no quiero perderme ni una palabra de lo que se habla.

Monsieur d'Ogeron me ilustra acerca de la peculiar historia reciente de la isla. Los primeros en instalarse en ella fueron los franceses, expulsados de la isla de San Cristóbal. Después, pasó sucesivamente a manos de los españoles, de los ingleses y, de nuevo, de los franceses, con el capitán Le Vasseur a la cabeza, un hugonote que acabó convirtiéndose en un verdadero tirano y murió a manos de sus propios lugartenientes.

Más tarde la reconquistaron los españoles y, por último, pasó a estar bajo el control de la recién creada Compañía de las Indias, fundada por *monsieur* de **Colbert**.

–Los españoles intentan siempre impedir que tengamos acceso a las riquezas del continente americano y de las islas del Caribe, y quieren expulsarnos. Pero, por mucho que se empeñen, nosotros queremos también nuestra parte. El azúcar se vende hoy en día a precio de oro, y Santo Domingo es una verdadera «isla de azúcar». Tenemos que hacernos con ella. Para ello, la isla de La Tortuga es la **cabeza de puente** perfecta. Tenemos que ser más numerosos, más hábiles y más ricos que los españoles. Y es por esta razón por la que he ordenado que envíen mujeres a la isla.

Jean-Baptiste Colbert (1619-1683): ministro de Luis XIV.
Cabeza de puente: posición conquistada que sirve de punto de partida para expediciones posteriores.

El capuchino interviene:

–Mejor sería que no enviaran más mujeres de la condición de las que hasta ahora hemos recibido. Tan sólo sirven para echar a perder la salud de nuestros hombres y causarles tantas preocupaciones que al final acaban en la tumba prematuramente. Por no mencionar otras maldades a través de las cuales ponen en riesgo la paz y el orden.

–Debo reconocerle, señor mío, que me han enviado dos cargamentos de **arpías** de **Salpêtrière**, prostitutas de la calle cuyo lenguaje es tan execrable como su moralidad. Pero me libraré de ellas con facilidad, pues las he ofrecido al mejor postor, y la mayoría se han casado con sus señores.

Jacques interviene:

–Nadie duda que la vida en las colonias no atrae a la flor y nata de la población, pero lo que nos llega aquí es lo peor de lo peor, gentes obligadas a emigrar por su conducta **licenciosa** o su pasado innoble.

D'Ogeron le responde indignado:

–¿Qué pretende decir con tales palabras? ¿Acaso ha olvidado nuestro pasado? Vos, fraile, ¿habéis olvidado nuestro naufragio en Léogane y cómo tuvimos que sobrevivir llevando una vida de bucaneros? Y, por si fuera poco, ¿han olvidado cómo conseguimos los beneficios de que en la actualidad disfrutamos comprando en Francia un cargamento de vino y aguardiente, y cómo de regreso, ya en Santo Domingo, fuimos estafados por un comerciante francés de Jamaica?

Arpía: en sentido figurado, mujer de mala vida.
Salpêtrière: edificio construico en 1656 en París con la finalidad de acoger a enfermos, vagabundos, mendigos, delincuentes...
Licenciosa: contraria a las buenas costumbres.

A buen seguro que saben perfectamente que a día de hoy estoy lleno de deudas, así que no estamos en condiciones de dar lecciones... Han tenido suerte de que mi amigo Robert Clodoré, gobernador de la Martinica, me haya ayudado a obtener este cargo de gobernador de La Tortuga.

Decido reunir el valor para hacer una pregunta:

–¿Hay **filibusteros** por estos parajes? He oído decir que la crueldad de esos bandidos no conoce límites...

Todos los comensales se ponen a reír. Michel d'Artigny me contesta mirándome fijamente a los ojos:

–Los filibusteros son personas como nosotros, o tal vez incluso como vos mismo. ¿Cómo cree que conseguiríamos hacer entrar en razón a los españoles sin robarles todas esas riquezas que acaparan?

El gobernador toma entonces la palabra:

–Todavía os quedan muchas cosas que aprender, mi joven amigo. Todos los filibusteros tienen una **patente de corso** oficial y una de mis obligaciones es precisamente concederlas en nombre del rey. Sus botines son diligentemente anotados a su regreso. Hace un mes, nos hicimos con un cargamento de cacao que tenemos en un almacén bien seco antes de enviarlo a Francia.

La conversación prosigue, pero al poco pierdo el hilo de la misma por los efectos del aguardiente. Medito sobre cuanto he aprendido: estos hombres no se arredran ante las dificultades y su coraje

Filibustero: pirata.
Patente de corso: permiso oficial por el que se autoriza a saquear los navíos de una potencia extranjera.

impresiona. Pero todo es tan complicado... En teoría actúan en nombre del rey, pero ¿sabe éste todo lo que se hace en su nombre por estas tierras?

Caigo totalmente rendido sobre la mesa y me despierto al día siguiente en una habitación que me resulta del todo desconocida. El sol ya brilla en su cenit: es la hora de comer. Al salir, me encuentro con el gobernador, que me observa con sumo detenimiento.

–¿Qué pensáis hacer por estas tierras, joven?

–Me gustaría ejercer la medicina y la cirugía.

–¿Sois cirujano? Tiempo tendréis para demostrar de lo que sois capaz. La fortuna sonríe a los audaces. Contad con mi ayuda siempre que lo preciséis. Suerte, mi joven amigo...

Desciendo hasta el puerto. El trasiego de chalupas que van y vienen del *Saint-Jean* capta mi atención. A mi lado, un hombre observa también la animación de la rada. Me dirijo a él.

–¿Qué cargan?

–Hojas de tabaco, cacao y **palo de brasil**.

–*Monsieur* d'Ogeron parece un buen gobernador.

–No esté tan convencido de ello. Nos vende muy caras cuantas mercancías llegan a la isla, y a cambio nos paga una miseria por nuestros productos. Dice que es por el bien de la Compañía, pero yo creo que él se guarda una buena parte de cuanto recauda. Ha hecho mucho por el bien

Palo de brasil: madera de color rojizo muy apreciada por los ebanistas.

de la isla, pero más ha hecho por el suyo propio y el de sus allegados. Sin los contrabandistas, no podríamos sobrevivir, ya que ellos nos compran nuestros productos a mejor precio que la Compañía.

Mi nuevo amigo me conduce a una taberna del puerto. Junto a nosotros, en una mesa próxima, oigo hablar inglés y holandés.

–¿Quiénes son esos hombres?

–Filibusteros que vienen a vendernos su botín.

–¿Se han hecho con el oro de los españoles?

El hombre se pone a reír.

–¿Eso es lo que creéis? Hace mucho tiempo que los españoles han aprendido a proteger su oro... No, yo les he comprado piezas de vajilla. Su barco se encuentra en una rada no muy lejos de aquí. Llegó en unas condiciones lamentables y ya hace dos meses que lo están reparando.

–¿Y a qué dedican su tiempo mientras tanto?

–Pues ya lo veis, beben, juegan a las cartas y, cuando no están borrachos, traman con sus compañeros su próximo golpe.

–Yo creía que los ingleses frecuentaban sobre todo Jamaica...

–Les es mucho más rentable venir aquí. El gobernador de Jamaica cobra doscientos escudos en concepto de comisión y, además, se queda con el diecisiete por ciento del botín. En cambio, *monsieur* d'Ogeron no les cobra comisión alguna y se queda tan sólo con el diez por ciento. De este modo, todos salen ganando...

–Sin embargo, vos no tenéis precisamente el aspecto de un filibustero.

–Oh no, yo vivo en tierra firme. El mar no me atrae. Además, alguien tiene que avituallar a los filibusteros. Por otro lado, no falta trabajo, y siempre hay algo con lo que sobrevivir en esta tierra generosa. Pero la vida es dura y hay que resistir a las fiebres. Necesitamos brazos y es por eso por lo que le han traído aquí.

No oculto mi sorpresa:

–Yo soy cirujano, y he venido para ejercer como tal.

El hombre me observa, **incrédulo**:

–Ya veremos qué os dicen mañana... Mientras tanto, venid a dormir a mi casa. La noche caerá pronto.

No me desilusiona semejante proposición: hemos bebido en exceso y la cabeza empieza a darme vueltas.

Incrédulo: persona que desconfía de cuanto le dicen.

EL NUEVO MUNDO era rico en oro y plata. Durante el período colonial, los españoles explotaron las minas y enviaron los metales preciosos a Sevilla. Pero también existían otros muchos tesoros y los europeos no tardarían en acostumbrarse a consumirlos: café, cacao, tabaco... A finales del siglo XVII, el azúcar era el principal producto de exportación del Caribe.

Café

Caña de azúcar

Tabaco

Cacao

Las piezas de a ocho

Estos trozos de oro acuñados con escudos españoles y holandeses servían de moneda. Valían su peso en oro.

Piezas de a ocho

Las minas

Los mineros, todos indios, descendían por unos pozos y perforaban el suelo, a veces a varias decenas de metros de profundidad. Apenas iluminados por unas inapropiadas antorchas y con falta de aireación, sacaban a la superficie toneladas de roca con el preciado metal. Decenas e incluso centenares de miles de ellos perdieron la vida.

Esclavos trabajando en una plantación de caña de azúcar

> **❝ Los españoles intentan impedir que tengamos acceso a las riquezas de las islas y pretenden echarnos... ❞**

La caña de azúcar

Aunque se cultivaba ya en Asia, África y también en el sur de Europa, en todas las islas del Caribe se plantaron grandes extensiones de la caña que se exprime para extraer azúcar líquido.

El cacao

El grano del cacao torrefacto (tostado) y molido sirve para elaborar el chocolate.

El tabaco

Planta de la que se consumen sus grandes hojas, que se secan y se cortan en tiras muy finas. Se pueden fumar o bien mascar.

El café

Originario de Arabia y de la India, el café es una infusión que se prepara con los granos tostados y molidos del cafetal.

El oro y la plata

Los españoles y los portugueses explotaron las minas de oro de Santo Domingo y saquearon los tesoros incas y aztecas. Abrieron minas en Brasil, Perú y México. Desde 1560, la plata representó el 95 % del total de las extracciones. Entre 1500 y 1650, se enviaron a Europa 200 toneladas de oro y 10.000 de plata.

La plantación

De camino, mi nuevo compañero me explica su historia.

–Hace ya diez años que vivo en esta isla. Llegué con un vecino de mi pueblo natal y, como es costumbre, nos asociamos. El gobernador nos entregó un trozo de tierra en primera línea, esto es, a orillas del mar, ideal, pues, para secar las hojas del tabaco. Tuvimos suerte de ser de los primeros en llegar, ya que a los que nos siguieron les tocaron tierras situadas más hacia el interior. En un principio, plantamos legumbres, guisantes, patatas, **mandioca**, con la que se prepara el **cazabe**, y más tarde árboles frutales, plataneros, higueras... Al cabo de un año, decidimos arriesgarnos con el tabaco. Para ello, hubo que talar todos los árboles y desenraizar los **tocones**. Al poco, mi compañero murió del **mal de Siam** y yo logré salvarme por poco. Gracias al contrato que firmamos, heredé toda su parte.

–¿Y cómo lo reemplazásteis?

–A fuerza de ahorrar logré comprar dos **negros**, y el año pasado me casé con una de las muchachas

Mandioca: planta con cuyo tubérculo se elabora harina.
Cazabe: torta elaborada con harina de mandioca.
Tocón: parte baja del tronco que queda después de talar un árbol.
Mal de Siam: paludismo, enfermedad infecciosa que se transmite a través de la picadura de un mosquito.
Negro: esclavo traído de África para trabajar en las plantaciones.

que el gobernador hizo venir de Francia. Trabaja duro y no es en absoluto gandula. Me gustaría plantar caña de azúcar, que proporciona más beneficios, pero hace falta gran cantidad de dinero y además comporta mucho más trabajo que el tabaco. Tendría que disponer de varios «**enganchados**» como tú. Todos los años la Compañía se encarga de enviar a unos cuantos y los vende al mejor postor. Como es lógico, los plantadores más ricos se quedan con los mejores...

Tras media hora de camino, llegamos a la casa donde vive mi compañero de tertulia. Es una casa grande construida con troncos de árboles y recubierta con ramas de palmera y cañas. A la mujer no la veo, pues se encuentra en una cabaña anexa que hace las veces de cocina. Al entrar me indica mi catre y me tumbo en él.

–Es cómodo. ¿Con qué está hecho?

–Con hojas de platanero.

–¿Y por qué no descansa directamente sobre el suelo?

–¿Acaso preferís dormir en compañía de los escorpiones y las serpientes? No os olvidéis de desplegar la mosquitera, o de lo contrario los mosquitos darán buena cuenta de vos.

Enganchado: persona que ha firmado un contrato de trabajo con la Compañía.
Guayabo: planta tropical cuyo fruto es la guayaba.

A la mañana siguiente, me despierto con un olor delicioso: el perfume procedente de los limoneros, los frambuesos y los **guayabos** se mezcla en el aire con el aroma de las hierbas aromáticas que crecen en el valle. Me despido de mi amigo no sin antes agradecerle su hospitalidad y, a continuación, tomo el camino que conduce al pueblo, ansioso por conocer mi destino.

No tardo en reencontrarme con mis compañeros de viaje, «enganchados» como yo. También está el capitán Tillaye, a quien me apresuro a saludar.

El delegado principal de la Compañía, La Vie, aparece dando grandes voces. Su mirada ingrata deja entrever cierta maldad:

–¡Ha llegado por fin el momento de que reembolséis el precio de vuestro pasaje! ¡Colocaos en fila! ¡Y en silencio!

Una veintena de vecinos de la isla pasan ante nosotros sin dejarnos de mirar. Me parece que no acabo de gustar a ninguno de los plantadores, quienes lo que andan buscando son hombres fuertes y acostumbrados al duro trabajo del campo. Mi ropa y mis manos delicadas me traicionan... La Vie se acerca hasta donde me encuentro.

–¡Treinta escudos! ¿Alguien da más? –dice mirando a los allí congregados.

Nadie responde.

Capataz: responsable de una plantación.

–¡Adjudicado por treinta escudos!

Acto seguido se dirige hacia su **capataz**:

–¡Lleváoslo!

Entonces pregunto al segundo del innoble La Vie:

–Pero, ¿adónde me conducen?

–A un lugar muy lejos de aquí, a la plantación de *monsieur* La Vie.

–¡Pero si soy cirujano...! ¡Espere!

Me dirijo a La Vie:

–Me parece que ha habido un malentendido, *monsieur*. No es lo que había convenido con la Compañía.

–Lo dudo. Aquí la Compañía soy yo –responde desafiante.

–Os ofrezco dos escudos al día si me permitís ejercer libremente mi profesión. Pensad que en tan sólo quince días tendréis ya vuestros treinta escudos...

–¡Basta! –grita–. Seguid a los otros y no os las deis de más delicado que los demás si no queréis que os baje esos humos de señorito...

Es como si de repente el suelo se abriera a mis pies. Me quedo sin poder pronunciar palabra. He aquí el futuro que me

aguarda: ¡trabajar como esclavo en la plantación de un hombre cruel y sin piedad! Y ni siquiera sé trabajar la tierra...

El capitán Tillaye es el responsable de recoger el dinero resultante de las pujas. Le miro a los ojos, pero evita mi mirada: no intercederá en mi favor.

Cuatro hombres más comparten mi misma suerte. Nadie tiene el valor de decir palabra alguna... Por fin llegamos a la plantación, donde hay seis negros trabajando. Nos observan. Uno de ellos tiene unas marcas horribles en la espalda.

–¿Cómo te has hecho esas marcas?

En silencio, me señala el bastón que lleva en sus manos el capataz. Éste me sorprende mirándole.

–Este bastón es mi sombra y más os vale portaros bien si no queréis probarlo...

Nos conducen hasta una cabaña de grandes dimensiones. En ella duermen los trabajadores de la plantación, cuatro familias de negros y los «enganchados». En total, unas treinta personas.

Todos los días transcurren de idéntica manera. No es el canto del gallo lo que nos despierta, sino los chasquidos del látigo del capataz, los gritos de dolor y los gemidos. Estos horribles chasquidos nos acompañan durante toda la jornada de trabajo: señalan el momento de partir hacia la plantación, la hora de la oración, la pausa para comer, el final de la jornada y la señal de regreso a la cabaña.

Permanecemos en la plantación de tabaco hasta que se pone el sol, y a veces hasta más tarde. El cultivo del tabaco parece no tener fin. Al capataz le gusta decirnos: «Podéis trabajar mientras seáis capaces de teneros sobre vuestras piernas y no caigáis muertos de cansancio». Y para impedir que caigamos rendidos por el sueño ha ideado una solución: hacernos cantar. Los esclavos negros trabajan en la plantación con nosotros mientras sus hijos cuidan de los animales. Se pasan la mayor parte del día recogiendo hierbas y hojas. Las mujeres, a su vez, preparan una escasa comida que traen hasta donde nos encontramos.

De acuerdo con la costumbre, La Vie nos ha reservado a cada uno de nosotros un trozo de tierra pedregosa y seca que podemos cultivar el domingo, el único día de descanso. Además de trabajar en la plantación, tenemos que encargarnos de buscar nosotros mismos nuestro sustento, que es a todas luces insuficiente. De manera rotativa, cada uno de nosotros consagra una parte del breve descanso nocturno para salir al campo y robar en las huertas o los corrales, o bien para mendigar algo de comida, intentando en todo momento escapar a los mordiscos de los perros.

Además del hambre, los malos tratos amenazan con poner fin a nuestra **mísera** vida. En nada me diferencio de los esclavos: la frente bañada de sudor, los ojos apagados, los hombros cubiertos de llagas y moscas... Estamos tan debilitados que cuando llega la estación de las lluvias no tenemos fuerzas para escapar a las enfermedades.

Varios meses después de mi llegada a la isla, caigo enfermo. De todos modos, tengo más suerte que dos de mis compañeros de fatigas, que acaban muertos y enterrados en un rincón cualquiera del campo. Estoy bañado en sudor y no tengo nada para comer, ya que no puedo trabajar. Me alimento de naranjas amargas que sólo hacen que el estómago se me cierre aún más.

Mísera: miserable.

Hasta que una mañana, desfallecido ya del todo, abandono la plantación y me dirijo al puerto. Un secretario del gobernador me reconoce, se compadece de mí y me conduce hasta su casa, donde me da de comer. Recuperadas parte de mis fuerzas, emprendo de nuevo el camino hacia la plantación de mi señor. Cuando llego, me está esperando en el umbral de la

mansión en compañía de su gente y con un catalejo en una de las manos. Entonces me grita:

–¿Veis este catalejo? ¡Pues gracias a él he podido descubrir tus tejemanejes! ¡Encerradlo en el calabozo!

El capataz me conduce al interior de un calabozo repleto de **inmundicias** y me encadena los pies. Tres días más tarde, el innoble La Vie viene a sacarme. La luz del sol me ciega.

–¡Maldito espía, reconoce que el gobernador desea saber qué hago en mis posesiones! ¿Qué le habéis dicho al secretario?

Se me cae el alma a los pies. Mi sinceridad parece convencerlo. Entonces, me ordena que vaya a desbrozar un terreno situado no muy lejos de allí. Ya no puedo más y decido escaparme, pero esta vez de verdad.

Al anochecer, compruebo que nadie me vigila y me alejo hasta el río. La providencia quiere que justo en ese momento haya un pescador recogiendo unas cañas de pescar. Su barca está al lado. Tengo un aspecto tan lamentable que difícilmente inspira temor, la ropa está hecha jirones, la barba se ha adueñado de mi cara...

Inmundicia: basura, desecho.
Canal: brazo de mar que separa la isla de La Tortuga de Santo Domingo.

El pescador se apiada de mí y se ofrece a conducirme bien lejos de esta maldita isla, al otro lado del **canal**, a Santo Domingo. Me deja en una cala desierta y prosigue su camino. Sin tiempo que perder, corro hasta el bosque, donde por milagro encuentro una gruta en la que refugiarme.

Lo he perdido todo: mi baúl de cirujano, mis escasos ahorros, pero al menos soy libre...

La cosecha de la caña

Se cortan las cañas y se llevan a un molino donde se muelen. Luego el jugo se refina (calienta) en la azucarera, siempre en marcha.

EL CULTIVO DE LOS PRODUCTOS TROPICALES en las plantaciones requería una mano de obra muy considerable. Dado que la población indígena se vio diezmada por las enfermedades y los malos tratos, y los «empleados» de la Compañía eran escasos, se buscó como «solución» la importación de esclavos negros procedentes de África.

Las condiciones de vida

Una jornada de trabajo extenuante, unas condiciones climáticas horribles... La vida era dura para los que trabajan en las plantaciones, obligados a trabajar hasta el límite de sus fuerzas.

Los castigos

Los capataces tan sólo conocían un sistema para asegurarse de que el trabajo saliera bien: el látigo y los castigos corporales.

66 Trabajamos en la plantación de tabaco hasta la puesta del sol y a veces incluso más. 99

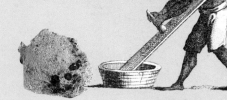

Plantación azucarera del siglo XVIII

A la izquierda de las plantaciones de caña de azúcar están las cabañas de los que las trabajan, tanto los «enganchados» de la Compañía como los esclavos, y en lo alto de un promontorio se halla la residencia del señor.

A mano derecha se encuentran a su vez los edificios de la explotación: el almacén donde se guarda la caña y el molino donde se extrae el jugo.

Cazabe

Preparación del cazabe

Se ralla muy fina la raíz de la mandioca y se tamiza. Se da forma a una torta con la harina resultante y se cuece en un horno. Este pan era el principal sustento de los esclavos.

El «cepo» era un castigo especialmente terrible que solían padecer los esclavos

El cultivo del tabaco

Primero se hace que las semillas del tabaco germinen en un recinto bien resguardado. A continuación, se trasplantan cada uno de los plantones y, cuando la planta ha crecido lo bastante, se recogen las hojas una a una. Entonces se cuelgan para secarse o bien se suspenden sobre un fuego. Por último, se mojan en agua antes de dar forma con ellas a los puros habanos, y vuelta a empezar.

En la selva

Los rayos del sol hacen que me ardan las mejillas. Nada más despertarme, me doy cuenta de que he dormido sobre un montón de huesos. Muerto de miedo, me incorporo y me doy de bruces con un hombre muy corpulento que lleva un fusil en una de las manos y una pipa en la boca... Resbalo y caigo a tierra gritando del susto. Una bestia enorme se abalanza sobre mí. El hombre se echa a reír.

–¿Tenéis miedo de un perro?

Entonces me doy cuenta de que es uno de los bucaneros que subieron a bordo de nuestro navío el día de nuestra llegada.

–¡Bienvenido a Santo Domingo, jovencito!

–¿De dónde vienen todos estos huesos?

–¡Bah! Son lo que queda de los **indios caribes** que vivieron aquí antes de que los españoles los mataran, se fueran y dejaran aquí a sus animales domésticos, que volvieron al estado salvaje. Pero, y vos, ¿qué hacéis aquí?

Entonces le cuento mis desventuras.

–No sois el único. Muchos de nosotros hemos corrido la misma suerte. Ahora sois un **fugitivo**. ¡Uníos a nosotros! En realidad, no tenéis otra alternativa...

–¡Qué tengo que hacer?

Indios caribes: población originaria de las islas del Caribe.
Fugitivo: esclavo o «enganchado» que huye de una plantación.

–Seguirme en silencio.

Y nos ponemos a caminar abriéndonos paso no sin dificul-
tad por entre la espesa vegetación de la selva, atentos al
menor ruido. De pronto, se detiene en seco.

–¡Mirad, un sendero!

No distingo más que el pequeño camino que ha dejado un
animal al aplastar los arbustos y las ramas a su paso.

–¡No debe de andar demasiado lejos!

Al cabo de unos pocos minutos, conducidos por el perro,
vemos un toro paciendo tranquilamente en medio de un claro.

–¡Escondeos detrás de este árbol y venid tan sólo cuando os
llame!

Entonces desaparece entre la hierba. Pero el toro presiente algo, levanta la cabeza, lo ve y lo embiste. El bucanero lo esquiva echándose a un lado y, con gesto firme, le clava el cuchillo en la **cruz**. El animal cae de bruces y el bucanero lo degüella evitando en todo momento sus cornadas.

Cruz: parte más alta del lomo de un animal.

–¡Venid a ayudarme!

Estoy impresionado por su destreza: desolla al toro como si estuviese desplumando un palomo...

–¿Por qué no habéis utilizado vuestro fusil?

–Porque las balas echan a perder la piel y las pieles con agujeros se venden peor. Además, el ruido podría atraer a los españoles, que se han propuesto expulsar a los franceses de la

color verde, mientras en la oscuridad resplandece el brillo de las luciérnagas.

¡Vaya! Toda una nube de mosquitos se abalanza sobre mí y empiezan a picarme en cada rincón donde la piel ha quedado al descubierto.

Carabina: fusil.

Al amanecer del día siguiente, abro los ojos y descubro una serpiente junto a mi rostro. Muerto de miedo, me levanto de un brinco, empuño el fusil y sigo a la serpiente, que se desliza por entre la hierba. De repente, se gira y me mira. Con una cabeza tan grande como la que tiene no puedo errar el tiro y disparo sobre ella toda una carga de mi **carabina**. La detonación resuena por todo el valle y despierto a mis compañeros, que creen que ha estallado un combate. Jean es el primero en reunirse conmigo.

–¡Qué lástima desperdiciar pólvora con una miserable serpiente!

Acto seguido la decapita con su cuchillo y regresamos al campamento. Todos me miran con gesto poco amistoso.

–No tengáis miedo, todos saben que sois mi protegido. Espero que no hayáis alertado a una patrulla española... De ahora en adelante, meditad un poco antes de disparar.

Y arroja la serpiente sobre las brasas todavía calientes.

–Si tenéis la paciencia de aguardar diez minutos, se habrá tostado. ¡Es deliciosa!

No tenemos tiempo que perder. Un muchacho que había salido en reconocimiento ha descubierto una manada de unos cincuenta jabalíes. Toda la tropa se pone en marcha, precedida por una manada de perros. Al poco conseguimos rodear a los jabalíes y logramos dar muerte a todos ellos. Nos llevamos a treinta, y dejamos que el resto se pudra.

Al llegar al campamento, cada uno se encarga de despedazar una bestia y de separar la carne de los huesos. Una vez hecho esto, colocamos la carne en un **boucan**. Con la piel, los huesos y los desperdicios, encendemos un gran fuego que desprende un delicioso humo...

Boucan: palabra francesa que designa el lugar donde se ahumaba la carne. Dio origen a la palabra «bucanero».

Tras ocho meses de convivencia con los bucaneros en medio de la selva, me he convertido en un cazador digno de tal nombre. Poco queda de aquel jovencito enclenque que era al llegar. He realizado mi aprendizaje en plena naturaleza, entre la espesa vegetación y los animales. He aprendido a divisar los navíos fondeados a lo largo de la costa, así como a distinguir a aquellos que pueden estar interesados en nuestras mercancías. Después de semejante entrenamiento, ya nada me da miedo: estoy preparado para todo cuanto me depare el futuro, tanto en el mar como en tierra, o luchando contra el adversario. Sin embargo, este estilo de vida empieza a cansarme y decido regresar a la isla de La Tortuga. ¡Las amenazas de La Vie ya no me impresionan!

Al desembarcar en la isla, me dirijo de inmediato al padre Marc d'Angers para que interceda en mi favor ante el gobernador.

Éste me recibe enseguida:

—¿Y bien, mi joven amigo, dónde diablos habéis estado? La Vie no ha parado de armar ruido desde vuestra desaparición.

—No soportaba más las humillaciones de semejante bruto y me fui a vivir por un tiempo en compañía de los bucaneros. Haced de mí lo que os plazca, pero tened por seguro que por nada del mundo pienso volver a la plantación de La Vie.

—Vuestra determinación me llena de dicha, amigo mío. Necesitamos hombres como vos.

Acto seguido da órdenes para que pase a trabajar con un cirujano de renombre. Es el propio cirujano el que se encarga de hacer entrega a La Vie de los treinta escudos que había pagado por tenerme a su servicio.

Por fin puedo ejercer mi profesión. Pronto, no obstante, me surgen nuevas inquietudes. Me cuesta reconocerlo, pero lo cierto es que me aburro. Tan sólo deseo convertirme en un aventurero como esos piratas de los que tantas historias circulan, a cada cual más formidable. Precisamente, por estas fechas, en la primavera de 1668, se está preparando una nueva expedición...

LOS BUCANEROS no eran hombres de mar, sino cazadores que vivían en pequeños grupos en medio de la selva. Ocultos a lo largo de la costa, aguardaban a los navíos holandeses, ingleses o franceses para intercambiar con ellos sus productos (por lo general cuero y carne ahumada) a cambio de vino, ron, ropa, armas, pólvora, municiones...

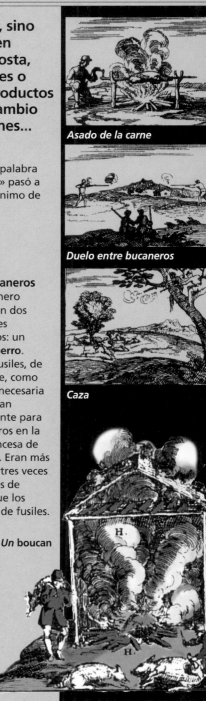

Asado de la carne

Duelo entre bucaneros

Caza

Un boucan

Piratas buenos

Bien entrenados y alimentados, los bucaneros constituían la principal fuente de reclutamiento de las expediciones piratas. Por ello, con el tiempo, la palabra «bucanero» pasó a ser un sinónimo de «pirata».

Un bucanero con su perro

Las armas de los bucaneros

Todo bucanero contaba con dos inseparables compañeros: un **fusil** y un **perro**. Tanto los fusiles, de gran calibre, como la pólvora necesaria se fabricaban especialmente para los bucaneros en la ciudad francesa de Cherburgo. Eran más potentes y tres veces más rápidos de recargar que los otros tipos de fusiles.

El estilo de vida de los bucaneros

Organizados libremente, rechazaban toda disciplina y arreglaban sus diferencias en **duelos**.

El *boucan*

Es un recinto de pequeñas dimensiones construido con ramas en cuyo interior hay un fuego de leña verde encima del cual se ahúma la carne de buey o jabalí. Una vez ahumada, la carne dura mucho. Las pieles, a su vez, se frotan con sal gorda y se dejan secar al sol.

Los bucaneros se alimentaban de tortugas marinas

❝El campamento de los bucaneros se compone de unas cuantas cabañas.❞

Los animales del Nuevo Mundo

Una fauna muy diversa vive en la densa selva: animales peligrosos como los cocodrilos, las serpientes, todo tipo de insectos venenosos..., pero también una gran variedad de aves y pájaros que se solían cazar para comer, periquitos, garzas, flamencos...

La selva

Pinos, cedros, acacias, tecas, hayas..., todos ellos se utilizaban para construir los navíos. La fruta era muy abundante: guayabas, naranjas, limas, caquis, mangos...

El código de a bordo

El pesado navío, fondeado cerca de la costa, flota tan ligero sobre el agua como si se tratase de una gaviota dormida. Las velas están arriadas. Subo a bordo y un marinero me indica la cabina del capitán. Por un momento dudo si entrar o no en ella, donde hay una mesa cubierta de mapas y un estuche abierto con varios instrumentos de navegación. El capitán se encuentra calculando distancias en compañía de dos hombres. Toso y se vuelven hacia mí. No puedo ocultar mi sorpresa.

–¿Monsieur d'Artigny? ¿Monsieur de Pouancey?

–En efecto, jovencito, pero aquí ya no estamos en la mesa del gobernador, así que nada de monsieur. Yo soy Michel el Vasco.

–Pero, ¿cómo se han convertido en piratas dos nobles caballeros como vos?

–¿Piratas? Por favor..., aquí todos somos hermanos, «hermanos de la costa», y vos también lo seréis si nuestras condiciones os convencen. A bordo de este barco, cada cual reina sobre sí mismo: nada de prejuicios, nada de rangos, nada de orgullo. Pero tened por seguro que aquí el capitán es más respetato que el de cualquier navío de la armada real. Éstas son las condiciones: traéis con vos vuestras armas, vuestra pólvora y vuestra propia munición. Además, en vuestra condición de cirujano, contaréis con doscientos escudos para el maletín de las medicinas, y como miembro de la tripulación os corresponderá la misma parte del botín que al resto. En caso de que no encontremos oro ni mercancías, os tocarán dos esclavos.

Código de a bordo: contrato que firman todos los miembros de una expedición.

–¿Y qué hacéis con los navíos que capturáis?

–Me adueño de ellos por derecho propio, así como de dos partes del botín. Si deseáis ser de los nuestros, firmad este **código de a bordo**.

Acto seguido me entrega un pergamino en el que están escritas todas las reglas relativas a la repartición del botín, así como una serie de compensaciones que le hielan a uno la sangre. Leo:

«–Por la pérdida de un ojo: 100 escudos o un esclavo;

–por la pérdida de los dos ojos: 600 escudos o seis esclavos;

–por la pérdida de la mano derecha o bien del brazo derecho: 200 escudos o dos esclavos;

–por la pérdida de las dos manos o los dos brazos: 600 escudos o seis esclavos;

–por la pérdida de un dedo o una oreja: 100 escudos o un esclavo.»

Al menos sé a lo que atenerme: los combates serán sin tregua y nada hay más justificado que un cirujano en un barco de filibusteros...

El capitán me ofrece una pluma y un tintero, y firmo. A continuación toma el pergamino, lo parte en dos, me entrega una mitad y se queda con la otra.

–O sea que ahora ya soy un pirata...

–¡Con todas las de la ley! Aunque en realidad no somos en absoluto piratas, sino **mercenarios** al servicio del rey de Francia. El botín que arrebatemos a nuestros enemigos constituirá nuestro salario, y de él tendremos que entregar una parte al gobernador d'Ogeron. Mirad, me ha firmado una patente de corso, gracias a la cual podemos hacernos con los bienes de una nación enemiga.

–Todo eso está muy bien, pero ¿qué sucede si nos encontramos con un navío de una nación con la que no estamos en guerra?

–Tengo respuesta para todo –me responde sonriendo–. Guardo conmigo patentes de corso de varias naciones diferentes, de manera que podemos atacar a quien nos plazca...

–¡De ese modo no se libra nadie!

–En efecto, pero si por casualidad caemos en manos de los soldados regulares, sabed que tan sólo nos aguarda la horca. Éstas –me dice tomando varias de las patentes– son nuestra única posibilidad de escapar con vida. No es mucho, no os lo discuto... En cualquier caso, para seguir vivos únicamente hay una solución: ser los más fuertes, no dejar escapar ni una sola ocasión y, por encima de todo, ¡nada de cuartel, nada de sentimientos!

Mercenario: soldado que combate a cambio de dinero.

Mis compañeros de viaje forman una curiosa tripulación en la que hay **desertores** de las armadas reales, campesinos decididos a hacer fortuna para comprar plantaciones, bucaneros que se pasan el día disparando a pájaros con su carabina, sin olvidar los aventureros de profesión: canallas, **rufianes**, pendencieros con las manos siempre prestas a empuñar la daga. Sus ojos lanzan miradas feroces a la más mínima provocación. Todos esperan hacer fortuna a expensas de los españoles, o al menos enriquecerse antes que cultivando tabaco o cazando.

Desertor: soldado que se escapa del ejército.
Rufián: persona audaz y sin escrúpulos.
Alquitranado: con manchas de alquitrán, pez o estopa, sustancia de color negro que se utilizaba para unir los tablones de madera de los barcos.

Simpatizo con uno de ellos al que llaman Calma Chicha. Lleva una vieja chaqueta verde hasta las rodillas y unos calzones del todo **alquitranados**. Su rostro, duro y áspero como una piedra, está medio oculto por una enorme barba que le cubre el mentón y la garganta. Suele llevar recogido el cabello, endurecido y pegado cual algas ennegrecidas y llenas de sal por el agua del mar, bajo un pañuelo rojo. Todas las mañanas, para asearse, se limita a introducir dos dedos en agua y frotarse los ojos.

Cuando tiene ganas de contar sus aventuras, agarra un pequeño barril, lo pone bajo sus rodillas y lo acaricia como si fuera un bebé. Acto seguido, llena tres cuartos de una botella con aguardiente y se lo traga igual que leche caliente. Nosotros nos acomodamos alrededor suyo, deseosos de escucharlo.

–Al principio éramos unos quince, dispuestos a hacer fortuna. Nuestro primer golpe fue todo un éxito, y tras permanecer

emboscados una semana entera tomamos un barco español repleto de víveres y mercancías. Pero estaba en un estado pésimo y hubo que **carenarlo**.

–Pero eso cuesta mucho dinero. ¿Cómo lograste reunir el dinero suficiente para **armarlo**?

Me mira con una sonrisa en los labios:

–¡Los españoles están por todas partes! ¡Basta con servirse uno mismo...! Y si se resisten, tenemos unos argumentos de lo más convincentes... –añade llevándose las manos a dos enormes **pistolones** que lleva en la cintura. Nos dimos a la buena vida durante unos cuantos meses. Frecuentamos la franja de costa situada entre el cabo de San Antonio, el cabo Corrientes y el cabo Catoche. Tan sólo teníamos que aguardar a los navíos españoles que se dirigían o partían de Maracaibo, cargados a la ida de plata para comprar cacao o del propio cacao ya de regreso. Después de poner a buen recaudo tan preciada mercancía, íbamos a ver a los holandeses, que nos la compraban a buen precio y sin hacer preguntas...

–Entonces, ¿te has hecho rico?

–¡Más rico que un príncipe! Pero perdí todo cuanto gané jugando... Por eso, cuando me enteré de que Michel el Vasco estaba preparando una expedición, no lo dudé ni un minuto.

Durante las largas semanas necesarias para reunir cuanto precisamos para la expedición (carne salada, madera, agua dulce, provisiones de todo tipo...) aprovecho para conocer a mis nuevos compañeros.

Todos ellos son personas rudas que saben que están arriesgando sus vidas a cada momento. Suelen ir de dos en dos, pues cada uno escoge un compañero. Calma Chicha me lo explica:

–Mientras uno descansa, el otro vigila, y en caso de peligro se ayudan el uno al otro. Si uno de los dos muere, el otro hereda todos sus bienes: así, en la hora del **juicio final**, sabemos que dejamos algo en esta tierra, alejada de nuestras familias.

Una mañana, navegando **a contraviento** con una brisa de tierra, nos adentramos en alta mar para buscar el viento procedente del mar. Por fin lo encontramos: ¡empieza la aventura! En estos casos, nuestro principal enemigo es el calor. La tripulación se disputa a puñetazos los rincones de sombra que proyectan las velas sobre la cubierta. Para refrescarnos, nos damos un baño bajando el **foque** a modo de bañera, y de este modo nos protegemos de los tiburones tigre, tan frecuentes en las aguas del Caribe.

Un día, permanezco inmóvil contemplando la superficie del mar durante tanto tiempo que al final tengo la sensación de que los pies se me han pegado a los tablones del puente. Y es que el sol ha fundido la **pez** que une dichos tablones. Me muevo con grandes dificultades, tambaleándome además a

Juicio final: momento en el que Dios decide si uno va al infierno o al paraíso.

A contraviento: navegar con el viento de cara.

Foque: vela triangular que va en la proa (parte delantera) de un barco.

Pez: sustancia resinosa muy pegajosa.

causa del balanceo propio del barco, ante la burla de mis compañeros de a bordo.

Las noches son cortas, pues un marinero no duerme nunca más de cuatro horas seguidas, pero sobre todo son gélidas, ya que uno se levanta con los miembros entumecidos por el frío. Por suerte, tengo dos remedios infalibles para mantenerme despierto: ¡mi pipa y el aguardiente!

Por la mañana, hacia las diez, el cocinero coloca el caldero sobre el fuego para hervir carne salada, mijo o judías. Cuando la comida está lista, sirve un plato para seis personas. Siempre bendecimos la mesa antes de empezar, y ya me he acostumbrado a los cánticos de los católicos, tan diferentes de los salmos que recitaba mi padre antes de cada comida. Acto seguido, repartimos el plato a partes iguales, desde el capitán hasta el grumete.

Mi nueva vida ha comenzado. Yo que buscaba la aventura y los imprevistos, tengo la impresión de que voy a estar más que servido...

EN LAS EXPEDICIONES PIRATAS participaban formidables aventureros, decenas de hombres unidos entre sí por juramentos de fidelidad que los convertían en «hermanos de la costa». Todos soñaban con hacer fortuna... y estaban dispuestos a emplear cualquier medio para lograrlo.

Grammont
Noble francés que tomó varias poblaciones españolas. En 1686, se le nombró lugarteniente del rey en Santo Domingo.

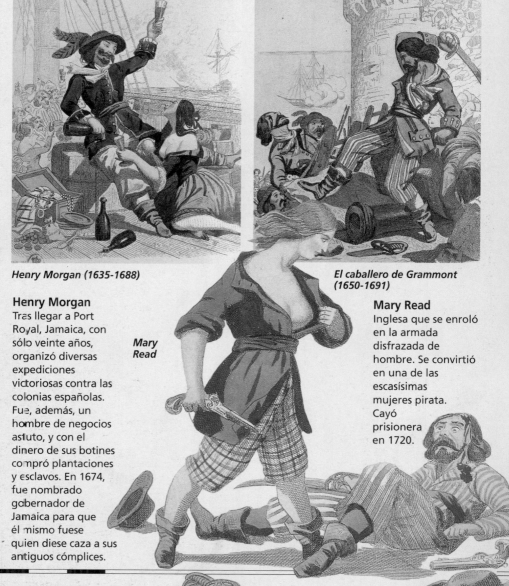

Henry Morgan (1635-1688)

El caballero de Grammont (1650-1691)

Mary Read

Henry Morgan
Tras llegar a Port Royal, Jamaica, con sólo veinte años, organizó diversas expediciones victoriosas contra las colonias españolas. Fue, además, un hombre de negocios astuto, y con el dinero de sus botines compró plantaciones y esclavos. En 1674, fue nombrado gobernador de Jamaica para que él mismo fuese quien diese caza a sus antiguos cómplices.

Mary Read
Inglesa que se enroló en la armada disfrazada de hombre. Se convirtió en una de las escasísimas mujeres pirata. Cayó prisionera en 1720.

Son personas rudas, conscientes de que están arriesgando su vida continuamente...

El Olonés

Originario de Sables-d'Olonne, de donde tomó el nombre, llegó a las Antillas en calidad de «enganchado». Se convirtió en filibustero, y en 1666 organizó con el Vasco una expedición victoriosa contra Maracaibo. Adquirió triste celebridad por su crueldad hacia los españoles. Murió devorado por unos indios antropófagos después de naufragar junto a una isla.

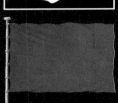

Piezas francesas y españolas

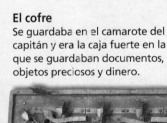

El Olonés (1630-1671)

El cofre

Se guardaba en el camarote del capitán y era la caja fuerte en la que se guardaban documentos, objetos preciosos y dinero.

Las banderas

Las de los piratas causaban pavor entre la tripulación de los barcos atacados. La más célebre era la *Jolly Roger*, que llevaba una calavera y dos tibias entrecruzadas de color blanco sobre un fondo negro. La bandera de color rojo significaba que no habría prisioneros...

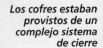

Los cofres estaban provistos de un complejo sistema de cierre

Un capitán terrible

Hace ya tres semanas que navegamos en busca de un navío sobre el que abalanzarnos. Tres largas semanas de espera en medio de unos islotes desiertos, atentos a cualquier señal... Aguardamos cierto tiempo cerca de un peñasco rodeado de algas marinas, a las que acuden a comer las mejores tortugas de la región. Tan pronto como cae la noche, nos preparamos para cazar una excelente cena con la inestimable ayuda de nuestros arpones.

Un día, sin embargo, un suceso trágico nos despierta del **amodorramiento** en el que nos hallamos sumidos. Colgado de un **cabo** en la proa del barco, un **calafateador** se dispone a clavar una placa de cobre que amenaza con caer. De repente, oímos un grito horrible: un tiburón acaba de morder la pierna del desgraciado marinero. Sujeto tan sólo por un cabo atado bajo las axilas, el pobre lucha con todas sus fuerzas para no ser arrastrado por el tiburón.

–¡Todos a por los arpones y las picas de abordaje! ¡Echad al agua un bote!

Amodorramiento: somnolencia, sopor.
Cabo: cuerda.
Calafateador: persona encargada de vigilar que no se produzca ninguna vía de agua en el casco de un barco.

Al final logramos izar al pobre calafateador, que ha perdido el conocimiento. El tiburón le ha arrancado la pierna hasta dejar el hueso al descubierto. A pesar de todos nuestros esfuerzos, el desdichado marinero muere esa misma noche. Éste es el único suceso digno de mención en lo que llevamos de expedición. Por suerte, Calma Chicha es un excelente compañero de viaje. Siempre intento que nos cuente sus aventuras.

–He oído hablar de François el Olonés. ¿Lo conociste?

Suelta una sonora carcajada.

–¿¡Quién no ha conocido al Olonés!? Llegó como un «enganchado» más, como tú, y con el tiempo logró ser elegido capitán por sus compañeros de fortuna hasta convertirse en el más célebre filibustero de La Tortuga.

–Entonces imagino que debió de conocer a d'Ogeron, ¿no es cierto?

–Por supuesto que sí. De hecho, hará cosa de tres años llegaron a organizar una expedición contra las **plazas** españolas junto al lago de Maracaibo, en Venezuela. Hasta tú mismo te lo podrías haber encontrado sin darte cuenta. Aunque, créeme, si de verdad te hubieras cruzado con su mirada, todavía tendrías escalofríos...

Plaza: puerto comercial en un país lejano.
Fragata: barco de tres palos.

–Háblame de esa famosa expedición.

–¡Tendrías que haberlo visto! En total éramos cerca de cuatrocientos hombres a sus órdenes... El Olonés capitaneaba por aquel entonces una **fragata** de diez cañones que había capturado a los españoles en Cuba. Junto a él, estaba además nuestro capitán, Michel el Vasco, y también Vauquelin, Dupuis, Pierre el Picardo... Nos hicimos a la mar, por fin, la primavera de 1666. Llevábamos como guías a dos franceses que habían vivido con los españoles. ¡Nada se nos podía resistir! Durante la travesía, capturamos un navío español de dieciséis cañones, y luego otro repleto a rebosar. Las dos veces recurrimos a la misma treta: escondimos cuanto pudimos para levantar las menores sospechas posibles (en especial las armas y la munición) de manera que pareciésemos un inocente barco de mercancías. Entonces simulamos tener una **avería** y solicitamos auxilio. Los españoles, que se acercaron para ayudarnos, al final cayeron en nuestra trampa... Sin darles tiempo para reaccionar, nos lanzamos al abordaje, reunimos a la tripulación en unas cuantas chalupas y

Avería: daño que sobreviene, en este caso a un barco.

¡buen viaje! El barco era del todo nuestro y sus bodegas estaban repletas de cacao, mientras que el segundo estaba lleno de municiones. Por eso decidimos bautizarlos como el *Cacaotal* y el *Polvorín*.

–¿Y qué hicisteis con la mercancía?

–La descargamos en La Tortuga para que d'Ogeron la mantuviera a buen recaudo. El 1 de agosto estábamos frente a la población de Zamora. Tan pronto nos divisaron, los españoles dieron la señal de alarma. Cuando tomamos el fuerte, la población estaba prácticamente desierta. Sabíamos que los lugareños se habían refugiado en la otra orilla del lago, en Gibraltar. Esta vez, la batalla fue mucho más sangrienta y

en ella matamos a más de quinientos españoles, entre ellos al gobernador, un tal Sandoval. Pero los infelices seguían escondiéndose en la selva, donde nos tendían **emboscadas**. Hubo que recurrir a métodos más contundentes...

Emboscada: ataque por sorpresa.

–¿Qué quieres decir?

–Pues, bueno, resulta que el Olonés tenía una cuenta pendiente con los españoles. Según parece, varios años atrás naufragó junto a la costa de Campeche, donde unos soldados españoles lo descubrieron a él y a sus compañeros de aventuras. Fue una auténtica masacre y el Olonés logró salvar la vida manchando su cuerpo con la sangre de un compañero y simulando estar muerto. Sobrevivió por puro milagro, y luego...

–¿Qué sucedió luego?

–Pues que para él los españoles no eran ni tan siquiera perros. Un día, para hacer hablar a un prisionero, lo ató a un árbol, le abrió el pecho y le extrajo el corazón todavía latiendo... Créeme, un compañero del desdichado español no tardó ni un segundo en confesar todo cuanto sabía y revelarnos dónde se encontraban escondidos el resto de los españoles.

–Con métodos como ésos, habréis llenado a rebosar vuestros bolsillos...

–Por supuesto. ¡Tendrías que haberlo visto! Estuvimos más de un mes saqueando las casas, las iglesias... ¡Había cadáveres por todos lados!

Fue por eso mismo por lo que nos vimos obligados a partir, por temor a las epidemias... Y luego está el rescate que nos pagaron los españoles.

–¿Cuánto fue?

–De vuelta nos detuvimos en una isla donde nos repartimos el botín: en total, 260.000 **piezas de a ocho**, a lo que hubo que añadir el equivalente a otras cien mil, fruto del saqueo y los esclavos. ¡No hicimos en balde el viaje, no!

–Pero, ¿y qué ha sido del Olonés? ¿Por qué no está ahora con nosotros?

Miguel el Vasco, que había estado escuchando en silencio, toma ahora la palabra:

–Fue demasiado avaricioso, se volvió loco, loco por el oro y loco de rabia contra los españoles. Nunca estaba dispuesto a reconocer derrota alguna. El año pasado, lo acompañamos en una nueva expedición. Esta vez el objetivo era el lago Nicaragua. Un holandés, de nombre Merten, que había acompañado a Morgan dos años atrás, nos hacía de guía. Por desgracia, los vientos nos llevaron a la **deriva** hasta la costa de Honduras. Una vez allí, poco es lo que encontramos de interés: pueblecitos de pescadores, unas cuantas cabañas con indios... En realidad, el botín consistió tan sólo en algún que otro barco, maíz, pollos... Y luego sucedió lo del naufragio... Estaba como fuera de sí, no quería entrar en razón. Al final, tuvo incluso la mala suerte de caer preso en manos de los

Pieza de a ocho: moneda de plata utilizada por los españoles y que tenía un gran valor.
Ir a la deriva: dejarse llevar por los vientos y las corrientes sin poder hacer nada para evitarlo.

indios, quienes después de descuartizarlo lo asaron y se lo comieron.

—Es cierto que no fue precisamente cortés con sus prisioneros, pero la verdad es que murió abandonado por sus amigos —murmura entre dientes un marinero.

Entonces el capitán interviene malhumorado:

—¡Sí, de acuerdo, tuvimos que enderezar la situación, pero era lo que había que hacer! Dime, si no, ¿qué le pasa a un capitán que pierde la confianza de su tripulación?

Calma Chicha se encarga de responder:

—Se le abandona en una isla desierta con sus pistolas y su espada, y al cabo de siete u ocho meses se regresa para ver si todavía sigue con vida, pero sólo si se le necesita.

Michel el Vasco retoma la palabra:

—Cuando ya no tenemos botines que repartirnos, cuando perdemos por decenas a nuestros compañeros en expediciones mal capitaneadas, hay que saber decir basta y salvar cuantos más hombres mejor. Dime, ¿cuántos regresaron con vida?

—Tenéis razón, capitán, a penas una tercera parte de la tripulación logramos volver sanos y salvos...

Ahora entiendo por qué el Olonés no se encuentra con nosotros. Al menos, espero que no corramos la misma suerte que él...

LAS DOS ARMAS

principales de los piratas eran el engaño y el coraje. El engaño, porque debían acercarse a los navíos sin levantar sospechas, y el coraje, porque no tenían otra cosa que perder que sus vidas.

Los combatientes

El grupo designado para pasar al abordaje lo componían los marineros más audaces y respetados. No fueron raros los casos de capitanes piratas abandonados en una isla desierta por no haber mostrado el valor suficiente durante el combate.

Abordaje de un galeón español del siglo XVII

El abordaje

Una vez bien sujetos al barco, los piratas se lanzaban al abordaje del mismo. En ocasiones, el capitán del barco pirata provocaba el hundimiento de su propio navío para hacer ver a sus hombres que no podrían echarse atrás: había que vencer o morir.

Los cañones

Indispensables en cualquier combate naval para destruir el navío enemigo, los cañones eran unas armas pesadas y caras. Precisamente, el abordaje mediante engaño permitía abordar un barco antes de que hubiera podido utilizar sus cañones.

Cañón

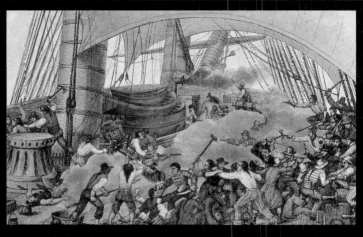

Escena de un abordaje a principios del siglo XIX

El ataque

Es fácil imaginar el furor, el humo y la violencia del combate que seguían al abordaje. Los piratas, curtidos en la caza y la guerra, solían ser con frecuencia más fuertes que sus víctimas, parte de tripulaciones miserables, maltratadas y mal alimentadas.

❝ Durante la travesía, capturamos un navío español, y luego otro repleto a rebosar. ❞

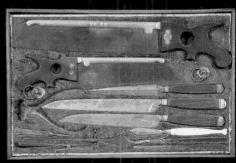

1. Kriss *malayo*, cuya hoja, larga y sinuosa, provocaba unas terribles heridas
2. Pequeño pistolón de abordaje con el cañón de bronce
3. Cuchillo reforzado con un filo de sierra

Instrumentos de cirujano

El cirujano

Personaje indispensable en cualquier barco pirata, curaba heridas, extraía balas... Tenía pocos medicamentos eficaces y a menudo la única solución consistía en amputar los miembros heridos para impedir que no se gangrenase el resto del cuerpo de la víctima.

¡Al abordaje!

–¡Barco a la vista! –grita de repente el vigía.

Son las seis de la mañana. El capitán **escudriña** el horizonte con su catalejo.

–¡Es español! Se dirige en dirección norte y todavía no nos ha visto.

Nos dirigimos hacia él con todas las velas desplegadas, que mojamos sin cesar para que retengan mejor la brisa. Para ir más rápido, echamos por la borda varios barriles que utilizamos como **lastre**.

La alegría se adueña del rostro de todos ante la perspectiva del botín. Plegamos las hamacas, despejamos la cubierta y echamos arena por ella para que empape la sangre que, a buen seguro, no faltará. En la bodega, fuera del alcance de las balas, instalo mis instrumentos, preparo una austera mesa de operaciones y varios catres para los heridos. ¡Es nuestro bautismo de fuego!

Seguimos atentamente los movimientos de nuestra próxima presa. Hacia las seis de la tarde, nos colocamos por fin a la altura de la **goleta**. Nos situamos

Escudriñar: mirar a lo lejos.
Lastre: peso que sirve para equilibrar el navío, pero que le resta velocidad.
Goleta: barco de mercancías rápido.

en la cubierta con aire pacífico, fumando en pipa como si fuésemos honrados marineros.

Estamos tan cerca que ya podemos distinguir a los marineros españoles. De repente, cuando nos encontramos al alcance del cañón, izamos el pabellón francés. Es un signo de guerra. Acto seguido, el capitán ordena sacar los cañones que hasta entonces habían permanecido ocultos bajo unas lonas.

La reacción de los españoles nos sorprende. Habían sospechado de nosotros y de nuestra treta, y una **andanada** de cuatro cañones y de entre veinte y treinta **mosquetones** cargados con trozos de hierro, cristal y clavos hiere a tres de nuestros hombres.

–¡Idiotas! –grita el Vasco–. ¡Lo pagarán caro!

Respondemos con una andanada tan devastadora que les destruimos la arboladura y el timón. Nos acercamos totalmente estirados sobre la cubierta. De repente, el capitán grita:

–¡Al abordaje!

Andanada: descarga de los cañones de un navío.

Mosquetón: fusil que se dispara por medio de una mecha.

Amarrado: unido por medio de cabos.

Velamen: conjunto de velas de un barco.

Lanzamos las picas de abordaje y, cuando los dos barcos están firmemente **amarrados** el uno al otro, saltamos en medio de terribles gritos. Los españoles huyen a nuestro paso y se esconden detrás de los cañones.

Louis, nuestro cocinero, es el que se muestra más encarnizado. Armado con un hacha entre las manos, se desliza por entre el **velamen** y nada más llegar al puente decapita a un español. La ira le ciega de tal modo que no dis-

tingue entre los que se han rendido y los que ofrecen resistencia. Fuera de sí, se hace con un mosquete y se dispone a provocar una auténtica carnicería cuando uno de los nuestros lo agarra por el brazo.

–¿Es que no oyes? ¡Tienes que obedecer las órdenes! El capitán del barco español acaba de rendirse.

Este último nos mira con desprecio, pero sus hombres suplican compasión.

A la goleta no le quedan más que dos terceras partes del puente y las velas han quedado convertidas en un caótico **amasijo**... Michel el Vasco permanece tumbado sobre la cubierta, inconsciente y sobre un enorme charco de sangre: el precio de la victoria es alto. De repente, oímos que alguien grita horrorizado:

–¡Fuego! ¡Fuego en el almacén de la pólvora!

El desespero se adueña de todos los marineros. Una columna de humo denso y negro se eleva hacia el cielo.

Soy el primero en reaccionar. Me lanzo por la **escotilla** principal, me hago con un cabo y en medio del humo desciendo hasta la **sentina**, donde se guarda la pólvora. El humo me impide ver, pero consigo distinguir el origen del fuego, un montón de mechas que están ya listas para utilizar. Por suerte, las llamas no han alcanzado todavía los barriles de pólvora. Es entonces cuando grito:

–¡Traed cubos de agua!

Amasijo: mezcla desordenada de cosas, en este caso de jirones de velas.
Escotilla: abertura practicada en la cubierta por la que se accede a la bodega.
Sentina: compartimento cerrado de la bodega.

Sin tiempo que perder, me dirijo hacia las mechas en llamas con la esperanza de salvarnos. Al poco consigo controlar el fuego y dejo que mis compañeros inunden la sentina. De regreso a la cubierta, oigo gritar:

–¡Estáis ardiendo!

En efecto, tanto mi cabello como la camisa están en llamas, y en ese instante pierdo el conocimiento. El agua fresca me despierta. Al incorporarme, me doy cuenta de que tengo la piel ennegrecida por la pólvora, el cabello y las cejas chamuscados, y las manos y la cara ensangrentadas. Parezco un demonio recién salido del infierno. Mis compañeros me felicitan.

Manatí: gran mamífero acuático de más de 3 m de longitud y 500 kg de peso.

Pero la jornada aún no ha concluido. Han herido al capitán: un golpe de sable le ha seccionado los nervios de la nuca y ha perdido mucha sangre. He de coser la terrible herida como sea. Entonces veo sobre la cubierta el cadáver de un **manatí** que nuestros huéspedes involuntarios acababan de descuartizar. Los despojos del animal me parecen bastante resistentes, así que llamo enseguida al cocinero:

–¡Tráeme un trozo de tripa!

Y de esta forma recompongo los nervios seccionados.

Hoy sí creo que me he ganado verdaderamente mi sitio entre los hermanos de la costa.

Pero aún queda la cuestión del botín. Por desgracia, el barco iba rumbo a España y no llevaba más que tabaco y cacao, así como unas cuantas cajas herméticamente cerradas.

Las abrimos con gran esfuerzo y... ¡sorpresa! Lo único que contienen son lingotes de plomo. La decepción se adueña de todos.

Pero entonces oigo que el caballero de Pouancey me llama:

–¡Venid!

Abre su machete y rasca con él la superficie del plomo: bajo una ligera capa brilla un bloque de plata maciza. ¡Somos ricos!

Mis primeras expediciones me han hecho cogerle gusto a la piratería. Con naturalidad, respondo a los requerimientos de Morgan, el pirata inglés más importante de Jamaica. El encuentro será en el sur de Santo Domingo, en Port-Gongon.

LOS PIRATAS arriesgaban su vida constantemente. Si caían en manos de los soldados de las marinas reales, les esperaba la muerte. Además, vivían sujetos a los caprichos del mar y los vientos: huracanes, naufragios, epidemias..., siempre expuestos a toda clase de adversidades.

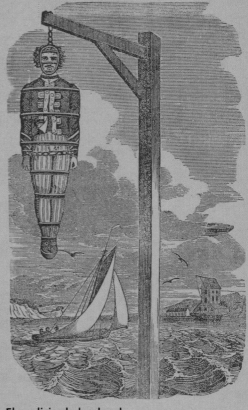

El suplicio de la plancha
Los piratas indisciplinados eran condenados a caminar con los ojos vendados por un tablón de madera suspendido sobre el agua, donde acababan cayendo.

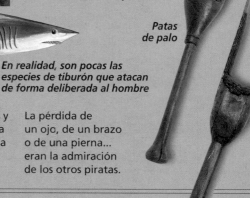

Patas de palo

Tiburón tigre

En realidad, son pocas las especies de tiburón que atacan de forma deliberada al hombre

Las heridas
El arrojo en el combate se consideraba la mayor muestra de valor, por lo que las cicatrices y señales de heridas a las que se sobrevivía eran como condecoraciones. La pérdida de un ojo, de un brazo o de una pierna... eran la admiración de los otros piratas.

> **66** Han herido al capitán: un golpe de sable le ha seccionado los nervios de la nuca. **99**

La horca
Cuando un pirata era condenado a muerte y ahorcado, su cuerpo se introducía en una especie de jaula de hierro que se colgaba a la entrada del puerto para disuadir a sus camaradas de perpetrar crímenes.

Cidra, un fruto de la familia de los limones

El escorbuto
Esta enfermedad debida a la falta de vitamina C en la dieta era muy frecuente entre los marinos. Los principales síntomas eran unos terribles dolores de vientre y la descarnación de la dentadura, y el único remedio consistía en consumir frutas y verduras, en especial limones.

La calma chicha
Los hombres de mar la temen más que a una tempestad. Cuando se produce, el navío se queda quieto bajo un sol de justicia, y las reservas de alimentos y de agua potable disminuyen, con el consiguiente riesgo de morir de hambre y sed. En tales casos no se puede hacer otra cosa que esperar a que sople de nuevo el viento.

Asalto a Panamá

En este fin de año de 1669, en Port-Gongon, hemos acudido a la llamada de Morgan casi mil seiscientos hombres y veinticuatro navíos. En las tabernas no se habla de otra cosa.

–¿Es cierto que Morgan quiere saquear Panamá?

–¿Panamá? ¿El paraíso del oro?

–¡Dicen que es la entrada a **Eldorado**!

–¡Es la ciudad más rica de la América española! Tiene veinte mil habitantes, casi siete mil mansiones y todo allí es esplendor y lujo...

–Cada año son necesarias dos mil mulas para llevar allí el oro y la plata procedentes de las minas del Perú.

Morgan va haciendo la ronda por las tabernas. Su figura es imponente: lleva una chaqueta y unos calzones de fino **damasco**, un sombrero adornado con una pluma roja, una cadena de oro en el cuello y dos pistolas de las que no se separa jamás, bien sujetas bajo un **fajín** de seda multicolor.

–La ciudad está tan fuertemente defendida que los españoles nunca se esperarían un ataque.

Eldorado: país imaginario en el que se creía que todo era de oro.

Damasco: tejido de seda.

Fajín: cinta ancha de tela, por lo general de seda, que se lleva alrededor de la cintura.

El único problema es que para llegar hasta ella, ¡hay que atravesar quince leguas de selva, pantanos y bosques!

–¡Pero la recompensa bien vale el esfuerzo!

Hemos de llegar hasta la desembocadura del río Chagre y remontarlo. En la **confluencia** entre las aguas del río y las del mar, se ha formado un banco de **limo**, y por todos lados se ven troncos abatidos por los huracanes y restos de **piraguas**. No tenemos más remedio que tomar tierra.

Emprendemos la marcha el 18 de enero.

Una parte del grupo remonta el río en canoas y la otra avanza a pie por la orilla. El avance se hace muy

Confluencia: punto de encuentro.
Limo: mezcla de arcilla y arena.
Piragua: embarcación tallada en un tronco de árbol.

difícil, ya que a cada momento tropezamos con obstáculos y a menudo estamos a punto de quedar atascados en el limo. Yo voy a la cabeza de una parte del grupo, sondeando el fondo del lecho del río con la ayuda de un bastón.

–¡Asegurad bien los cartuchos bajo las gorras!

El agua no es profunda, pero el limo viscoso y resbaladizo nos impide avanzar deprisa. Finalmente, encuentro un lugar por donde **vadear** el río sin problemas.

Dormimos en una choza de pescadores y, antes de que despunte el alba, partimos de nuevo. Atravesamos un gran número de arroyos que descienden de la montaña.

Vadear: cruzar el río por un lugar en el que se hace pie.

Las colinas se encuentran cubiertas de magníficos bosques y por doquier se respira el perfume de todo tipo de flores y especias. Pero el hambre nos hace sufrir lo indecible: los espías de los españoles nos van pisando los talones, y destruyen todo alimento a su paso para detener nuestro avance.

Un día, en un recodo del camino, me doy de bruces con un indio. Es la primera vez que veo uno tan de cerca, así que tengo tiempo de fijarme bien en su aspecto: lleva el cuerpo untado con colorante de **aladierna**, lo que le da un color rojizo a su piel, y su única vestimenta es un taparrabos que le cubre de la cintura a las rodillas. Lleva el pelo partido de oreja a oreja, con la parte de delante cayéndole sobre la frente, y la de atrás sujeta en una especie de moño. También lleva un collar de cristal de roca y un adorno en forma de media luna, de una aleación de oro, plata y cobre, que le cubre la mitad del pecho. Sobre la cabeza luce un círculo de **caoba** con una pluma roja **engastada** en el mismo. Pero al punto desaparece por entre la espesura.

Aladierna: arbusto con un fruto jugoso que se utiliza como colorante.
Caoba: madera dura de color marrón rojizo.
Engastado: encajado y embutido dentro de algo.

Llevamos ya ocho días de marcha. Por fin llegamos a Cruz, donde el río deja de ser navegable. Los españoles lo han quemado todo en su huida y no encontramos nada para comer. Aquellos que se aventuran por la selva en busca de alimento no regresan más, muertos sin duda a manos de los indios.

Morgan se nos une y seguimos. Al amanecer divisamos la población de Panamá. Los españoles nos están esperando.

Al día siguiente por la mañana, Morgan planea el ataque. Para evitar a los **soldados de infantería** y de caballería del ejército español, da órdenes de evitar a toda costa el camino y de avanzar por la selva. Los españoles no se dejan sorprender y lanzan contra nosotros decenas de toros y su caballería. Pero tanto los toros como los caballos no tardan en quedar atrapados en los **barrizales**. Nuestros filibusteros, que tienen una gran puntería, causan una auténtica carnicería entre los españoles. Tras dos horas de combate, nos adueñamos por fin del lugar. Los españoles que han logrado sobrevivir huyen. ¡Panamá es nuestra!

Soldado de infantería: soldado de a pie.
Barrizal: terreno impracticable lleno de barro.

Morgan no se deja llevar por el júbilo:

–¡No bebáis vino, que lo han envenenado! –grita.

–¿Cómo lo sabéis?

Entonces me mira y me hace un guiño:

–Quiero que mis hombres estén sobrios para reunir el botín en condiciones...

A continuación ordena prender fuego a la población, y las casas de madera no tardan en desmoronarse como si se tratase de hierba seca.

Durante más de un mes nos dedicamos a buscar entre los restos calcinados de los edificios y los alrededores, donde se han refugiado los lugareños. Todo nos interesa: oro, plata, joyas, telas, esclavos...

Por fin es hora de regresar. Detrás de nosotros llevamos una hilera interminable de mulas que llevan a cuestas el botín, así como una columna de prisioneros por los que esperamos obtener una buena recompensa.

Al llegar a Cruz, decidimos seguir el curso del Chagre, que nos ha de conducir hasta el mar del Caribe. Cargamos a cuestas los botes amarrados junto a la orilla. En un momento dado, me fijo en un filibustero que lleva una camisa roja con un llamativo puñal con la empuñadura de oro y un sinfín de objetos de oro procedentes de alguna de las casas quemadas. Parece un saco repleto de lana. De repente, empujado por el peso de su botín, da un **traspiés** y se sumerge en el agua, sin que ninguno de los presentes tengamos tiempo de reaccionar...

Avanzamos contentos y con la cabeza llena de promesas de riqueza. Por fin llegamos a la desembocadura y nos reunimos con nuestros compañeros.

Llega el momento del reparto del botín. Morgan se nos une de nuevo.

–Amigos míos, sé que nos hemos jurado fidelidad, pero para que no haya malentendidos cada uno de los aquí presentes se ha de dejar registrar... ¡Empieza por mí, lugarteniente!

Acto seguido se deja registrar y nos alarga su mosquetón para que comprobemos que no ha escondido ninguna piedra preciosa en el interior del cañón. De repente se escuchan unas voces que dicen:

Traspiés: paso en falso, tropezón.

–Pero ¿qué hacéis capitán? ¡Esto es contrario a los usos y las costumbres de la hermandad de la costa!

Pero al final todos se dejan registrar y se procede al reparto.

Morgan se me acerca justo cuando me encuentro curando las heridas a uno de los suyos.

Entonces le dice en inglés, creyendo que no entiendo dicha lengua:

–¡Ánimo! A ver si te repones... Me has ayudado a vencer, ahora hace falta que me ayudes a sacar partido de mi victoria...

Yo no digo nada, pero lo sigo a cierta distancia. Sus movimientos me intrigan, pues se dirige a un bote amarrado en la playa y no para de mirar hacia atrás para ver si alguien le está observando. Al llegar al bote, esconde algo en el fondo del mismo. Al erguirse, me ve.

–¿Qué hacéis ahí? ¿Hace mucho que me estáis espiando? –me pregunta con tono amenazador.

–Capitán, no os he seguido. Tan sólo he venido en busca de unas cuantas hierbas para preparar unos medicamentos...

Me mira durante un buen rato y entonces se vuelve más amable. Regresamos donde se encuentra el resto de los compañeros, que no parecen estar muy contentos con el reparto, pues se oyen gritos.

–¡Morgan, nos has engañado! ¿Dónde has escondido las piedras preciosas?

Morgan logra sin embargo calmarlos:

–¿Pero qué decís? ¿Acaso no me he dejado registrar, como todo el mundo? Venga, bebamos, compañeros, y olvidemos este malentendido...

La noche acaba por apaciguar a los partidarios de atacar a Morgan.

Al amanecer nos despertamos en medio de un gran tumulto. Durante la noche, Morgan, nuestro capitán, ha huido con otros cuatro barcos.

Desde este episodio, Morgan se ha convertido en todo el Caribe en uno de los piratas más astutos para unos, y en el traidor más detestable para otros. Nos ha privado de nuestra victoria... y para colmo nuestro regreso es catastrófico.

CONTRA LO QUE TRADICIONALMENTE se cree, la mayor parte de los botines de los piratas no fueron el resultado del abordaje de barcos, sino del asalto a poblaciones fortificadas españolas.

Los indios

A pesar de haber sido diezmados tras la llegada de los españoles al continente americano por la guerras, los malos tratos y las enfermedades, en la región del Caribe sobrevivieron varias tribus indias.

La ayuda de los indios

Se les utilizaba como mano de obra para ir abriendo camino en las expediciones, ya que conocían muy bien el terreno y muy especialmente la selva.

> 66 Morgan ordena prender fuego a la población y al poco las casas de madera se derrumban como si se tratase de hierba seca. 99

Asalto a Cuba perpetrado por piratas franceses

Indio caribe

Las riquezas de las poblaciones coloniales

Para abrirse paso en medio de la espesura de la selva y las marismas, y hacer frente a los soldados españoles atrincherados tras las murallas, era preciso recurrir al ingenio y al coraje. Pero el riesgo merecía la pena: era en las poblaciones donde se encontraban las riquezas del continente americano.

Torre fortificada de Ogeron, en la isla de La Tortuga

El pillaje

Una vez franqueadas las defensas, la población sufría el pillaje y a menudo la quema para aterrorizar a sus habitantes. Los piratas no sólo saqueaban las riquezas, sino que se llevaban consigo prisioneros. De hecho, una parte del botín lo constituían los rescates que las familias pagaban para recuperar a sus seres queridos.

El ataque

Las poblaciones estaban tan fortificadas que sólo se atrevían a atacarlas por mar las flotas fuertemente armadas. Había que desembarcar en secreto a varios kilómetros de distancia, avanzar sin ser descubiertos y aprovechar el efecto sorpresa.

Almenas y cañones de Cartagena de Indias (Colombia)

Ataque de los piratas a Cartagena de Indias

En la taberna

El huracán se aproxima: un cielo de nubes bajas y negras empieza a cubrir el horizonte, el sol desaparece en la oscuridad, el mar se convierte en una inmensa superficie de espuma... La primera embestida casi me arrastra de no ser porque me he agarrado con fuerza. Durante diez horas, que me parecen toda una eternidad, el barco va a la deriva con las velas de cualquier manera, a punto de romperse. Y, de repente, vuelve la calma, pero el calor sofocante que sigue extiende la fiebre y la **disentería** entre la tripulación.

Disentería: infección intestinal muy contagiosa.

Cada hora, Louis, el cocinero, llama al grumete.

–¡Grumete, que ha sonado la campana! ¿Es que no te has enterado de que llevamos la peste a bordo? ¡Hay que beber y beber, así que tráeme la botella!

El grumete se permite responderle que no es todavía la hora. Louis vocifera:

–¡Pues se habrán olvidado de hacerla sonar! ¡Mueve las piernas, foca perezosa, y pásame la botella! ¡Ah, pequeño escorpión! ¿Qué has hecho? ¡Has metido veneno en mi botella...!

¡Esto es un brebaje del infierno que daría arcadas hasta a un caballo! ¡Tráeme otra botella, mentiroso, ladrón!

Pero Louis ha perdido ya hasta el sentido del gusto. Escupe, pone muecas. Sus labios se han vuelto de color blanco y están cubiertos de espuma. Le acerco un vaso a la boca, pero de ella ya no sale ni el menor suspiro. Me echo atrás y doy la orden de que lo cosan dentro de su hamaca y aten ésta a dos proyectiles de cañón.

–¡Arrojad de inmediato el cadáver al agua si no queréis servir de banquete mañana a los tiburones!

El barco va cargado a rebosar con el botín y poco es el espacio libre que ha quedado para intercalar algún que otro **barril** de agua dulce. Nuestra **avaricia** es castigada con la tortura más horrible a la que el hombre puede hacer frente: la sed. Aquellos que logran sobrevivir a las enfermedades tienen los párpados inflamados, la mirada como perdida, los labios hinchados, las mejillas agrietadas... Las piernas son incapaces de sostener al resto del cuerpo y el espectáculo de cadáveres descarnados es espantoso... Cuando uno de los nuestros parece a punto de sucumbir, le dejamos caer con delicadeza unas cuantas gotas sobre los labios y le frotamos con vinagre el pecho y las sienes. De repente, el vigía grita «¡Tierra a la vista!». Es una pequeña isla. Uno de los que van a inspeccionarla descubre un manantial de agua: ¡estamos salvados! Enviamos al maestro carpintero con una **cuadrilla** de marineros para que seleccionen y talen los mejores árboles.

Barril: tonel de madera.
Avaricia: deseo incontrolado de riqueza.
Cuadrilla: pequeño grupo.

Durante el tiempo que permanecemos en la isla, reparamos el aparejo y limpiamos el barco de ratas e insectos, ciempiés, escorpiones y demás compañeros de viaje indeseados. La isla nos ha salvado.

Cuatro meses después de nuestra partida, divisamos por fin la isla de La Tortuga.

Nuestra llegada se celebra como un carnaval variopinto y trágico: vamos llagados, desmejorados, tuertos, cojos o **lisiados**, con el rostro esquelético..., pero, eso sí, vestidos como si fuésemos príncipes, con los cuellos repletos

Lisiado: privado del uso de un miembro.

de piedras preciosas. Nos doblamos ante el peso de los enormes sacos cargados con monedas, llevando cada uno de nosotros lo que las fuerzas nos permiten. Todos nos observan y se preguntan ya cómo sacarán partido de nuestro botín: los mercaderes se nos ofrecen en cada puerta, las jóvenes muchachas, vestidas como marquesas, nos sonríen, los jugadores eligen ya a sus próximas víctimas… Los únicos que no hacen nada son los dueños de las tabernas, pues saben que vamos directamente a ellos para **saciar** nuestra sed.

Saciar: satisfacer de bebida o comida.

Todo un grupo de filibusteros se halla dispuesto en círculo alrededor de una verdadera montaña de toneles. En un

momento dado, uno de ellos retira el tapón de corcho de uno de los toneles y, acto seguido, sale disparado un chorro de licor que va llenando un sinfín de vasos. Los que están más cerca, dejan las copas y beben directamente, acercando los labios. Cuando uno cae a tierra, borracho del todo, otro ocupa su lugar de inmediato. Las botellas vuelan hasta estrellarse contra las mesas, suenan mil y una canciones, el suelo se llena de restos de platos, jarras, vasos y botellas... Impecablemente vestidos, vamos en busca de las damas y... ¡empieza la diversión!

–¿Oyes el ruido de los dados?

–Es un ruido mágico que crea adicción. ¡Vamos!

Somos aventureros, ricos hoy pero pobres mañana. Cuando nos despertamos no sabemos si por la noche seguiremos con vida. ¿Para qué sirven entonces unas cuantas **piastras** en el bolsillo de un muerto?

Todas las miradas se centran en dos jugadores.

–¿Cuánto se apuesta?

–Lo que tú quieras...

–¡Quinientos escudos!

–Va por quinientos escudos...

La mano de Van Horn tiembla al sacudir el **cubilete**. Lanza los dados sin atreverse a mirarlos.

–¡Diez ! –grita la muchedumbre.

La fortuna le ha sonreído: Alexandre Brazo de Hierro tan sólo ha sacado un ocho.

–¡Todo cuanto me queda!

–De acuerdo. Contra todo lo mío.

Y de nuevo suena el cubilete.

–¡Diez! –aúlla de nuevo la muchedumbre.

Esta vez, Alexandre ha sacado un once. Van Horn intenta permanecer impasible y dice con una voz sorda:

–Está bien, me has ganado, que te aproveche...

Pero entonces agarra el saquito de pólvora que lleva en uno de los lados y la vierte sobre el suelo. Se hace un gran silencio: es la más cruel injuria que un pirata puede hacer a un compañero... y con ella renuncia a su amistad y camaradería.

Piastra: un tipo de moneda.
Cubilete: vaso pequeño en el que se menean los dados.

Entre los hermanos de la costa las diferencias se dirimen con el mosquetón. Los dos salen de la taberna y se pierden en la oscuridad de la noche. Yo tengo que seguirlos, como cirujano que soy. Por fin llegamos a un pequeño claro adecuado para el duelo. Se colocan cara a cara a cuarenta pasos de distancia. Según las reglas, el ofendido tiene que disparar primero.

–¡Más te vale no errar, pues te aseguro que yo acierto siempre!

En ese mismo instante, se oye un disparo que va a dar directamente a la mano derecha de Van Horn. Éste cae lentamente a tierra. Corro hacia él: perderá la mano, pero sobrevivirá...

LA VIDA DE LOS PIRATAS alternaba situaciones de miedo y peligro con momentos de diversión. Todo valía a la hora de distraerse: música, juegos... Y, por supuesto, todos los excesos imaginables: tabaco, alcohol... Era en las poblaciones portuarias donde los marineros se daban al placer.

Pipa de madera

Este tipo de pipa sustituye a las más largas de barro cocido, demasiado frágiles

Baraja de cartas de cuero

Beber

En las tabernas, el alcohol corría a raudales. Muy pronto se empezó a comercializar el ron, que se obtenía de la destilación de la caña de azúcar.

Juegos

Los **juegos de cartas** eran sin duda una de las distracciones más antiguas. Cuando se apostaba dinero, se podían perder enormes fortunas en una sola noche.

Gastos

Excesivos en todo, los piratas tardaban muy poco tiempo en gastarse las fortunas conseguidas en sus correrías. Pocos eran los que invertían el dinero en la compra de plantaciones.

Fumar

El tabaco se mascaba (masticándolo) o bien se fumaba en **pipas de madera**.

Los loros

Los loros de plumaje de colores eran muy apreciados como adorno. Capaces de imitar la voz humana, ayudaban a sobrellevar la soledad.

> **Somos aventureros, ricos hoy pero pobres mañana. Cuando nos despertamos nunca sabemos si por la noche seguiremos con vida.**

El comercio
En los puertos caribeños se acumulaban mercancías de todo tipo, producidas en el lugar o de contrabando, procedentes del mundo entero. Decenas de comerciantes esperaban a los piratas que hacían escala en el puerto.

Vivir como un rey
Los hombretones que rechazaban toda regla en mar abierto, adoptaban modales aristocráticos en tierra. Y es que a veces disponían de tanta riqueza como para sentirse los reyes del mundo.

Al servicio del rey

En enero de 1672, regresé a Europa, a Amsterdam, pero el gusanillo de la aventura me perseguía allá donde iba. Ahora estoy en México, desde la primavera, y me he instalado en Mérida. Sin embargo, me aburro. Así que cuando el famoso pirata Roc *El Brasileño* llega para saquear la ciudad... decido irme con él. Enseguida me instalo en Kingston, Jamaica, pero cuando mi viejo enemigo Morgan, el traidor, es nombrado gobernador de la isla, regreso a Amsterdam, donde empiezo a escribir mis memorias. Sin embargo, lo que cuento no parece gustar a los españoles, que logran mi expulsión de Holanda. Como no tengo elección, vuelvo a Santo Domingo.

A mediados de enero de 1683, la *Marie-et-Marthe*, de Van Horn, arriba al puerto de Santo Domingo. Una vez más, me embarco a bordo junto con Michel, Grammont y de Graaf para saquear Veracruz. Una vez de regreso a la isla de La Tortuga, me encuentro de nuevo con la escuadra real del conde de Estrées, vicealmirante de la flota, quien intenta convencerme de que vuelva a Francia con él.

El 8 de enero de 1684, el *Furieux* se aproxima al puerto de Brest. Hace dieciocho años que no veo a mi familia, y una vez en casa explico mis aventuras a mis padres y allegados en el comedor. El conde de Estrées me toma bajo su protección. Me instalo como cirujano en la ciudad de París y me convierto al catolicismo en la iglesia de Saint-Germain-des-Prés el 23 de septiembre.

Edicto de Nantes: ley de 1598 que autorizaba a los protestantes a permanecer en Francia.
Difamar: atentar contra el honor y la reputación de una persona.

Al año siguiente, el rey Luis XIV proclama la revocación del **edicto de Nantes**, con lo que el protestantismo pasa a ser una religión prohibida. Me siento cada vez peor. Mi pasado me persigue, y para colmo Morgan tiene la desfachatez de **difamar** al editor de mis memorias. ¡Esto es ya demasiado! Así que decido regresar a las islas.

Acompaño a unos protestantes de Honfleur deseosos de instalarse en Santo Domingo. Nada más llegar, me embarco en el navío de Grammont, que va a saquear Campeche, en julio de 1686. En otoño, vuelvo a París con la intención de instalarme definitivamente allí.

Y a pesar de todo, no será la última vez que me embarque rumbo a las Antillas...

Cuando Luis XIV encarga al barón de Pointis que envíe un cuerpo expedicionario para tomar el puerto de Cartagena de Indias, me eligen como cirujano personal del almirante, a bordo del *Sceptre*.

Llegamos a la bahía de Petit-Goâve el 17 de marzo de 1687, y en estos momentos contamos con diecisiete embarcaciones y seis mil hombres. Un millar de filibusteros nos están esperando, así como monsieur Ducasse, gobernador de Santo Domingo.

Durante una cena en la que se hallan presentes todos los jefes de la expedición, el almirante nos explica cuál va a ser nuestra misión.

–Señores, ¡vamos a llevar hasta América la gloria de la armada francesa!

Entonces expreso mi inquietud:

–¿Pero cómo se van a poner de acuerdo estos nobles habituados a la disciplina de la **armada** y los filibusteros **harapientos** de Ducasse?

Armada: marina real de guerra.
Harapiento: ataviado con vestimentas viejas y rotas.

–Ya se doblegarán, amigo mío. ¿Qué pueden hacer mil filibusteros contra la flota de Su Majestad?

–Permitidme que no sea tan optimista, almirante...

El transcurso de los acontecimientos me da la razón. Dos días más tarde, los guardias de la marina detienen a un filibustero completamente borracho que estaba profiriendo insultos contra la marina real. Poco después, una delegación de filibusteros viene a exigir la liberación de su camarada. Presa del pánico, los guardias disparan sus armas con el resultado de tres muertos. La noticia se extiende entre los filibusteros, que toman las armas y se reúnen. Después comienzan a desfilar en orden, con el fusil a la espalda y sus banderas desplegadas, y se sitúan alrededor del fuerte. La llegada de Ducasse evita la catástrofe en el último momento. El prisionero es liberado y todos van a realizar los últimos preparativos para la expedición.

El 12 de abril, nuestra formidable flota amarra frente a Cartagena de Indias, que está protegida por tres fuertes. El fracaso del bombardeo hace huir a todos sus habitantes, pero la ciudad no se rinde.

El asedio dura seis semanas. Los filibusteros van a la cabeza, abriendo camino a la armada a través del espeso bosque, pues

conocen mejor las zonas pantanosas. Finalmente, los
fuertes son destruidos uno a uno, a costa de numerosas víctimas. ¡No tengo muchos momentos de descanso!

Capitulación: rendición.

El gobernador de la ciudad sale, seguido de su guarnición,
tras negociar la **capitulación**. Nuestras tropas entran para controlar las murallas y avenidas. Pointis se dirige a mí:

–Esta vez nada de pillajes; es una guerra en toda regla.

Reunidos en la plaza, los habitantes escuchan las condiciones de los vencedores. Tras un redoble de tambor, un oficial
declara, alto y fuerte:

–Cada cual puede dirigirse donde le plazca, pero no podrá llevarse ninguno de sus bienes. Los comerciantes deberán mostrar sus libros de cuentas y entregar su dinero, y todos tendrán que declarar fielmente sus reservas de oro, plata y pedrería, y entregar la mitad.

En ese instante, unos soldados se abren paso entre la multitud, llevando con ellos un prisionero. Lo conozco, es el carpintero del *Amiral*, la embarcación de Ducasse. Confiesa haber entrado en una casa sin autorización y haber robado la vajilla de oro. Delante de todos los habitantes de la ciudad, Pointis saca su pistola y le revienta los sesos con ella. Los filibusteros están prevenidos...

Transcurre un mes hasta que la población entrega todo el oro, la plata y la pedrería, tesoros que son clasificados y numerados antes de embarcarlos. Después se destruyen las murallas y se desmontan y se embarcan todos los cañones.

Llega el momento de regresar y, sobre todo, de repartir el botín, de modo que Pointis reúne a todos los marineros, soldados de la armada y filibusteros.

–Señores, todos ustedes han combatido valerosamente...

–Basta de discursos y danos nuestra parte, que ya hace mucho tiempo que la estamos esperando.

–Y la tendréis, la tendréis. Todos estos tesoros, sin embargo, pertenecen a **Su Graciosa Majestad**. Y vosotros, como premio a vuestras penalidades, recibiréis una **soldada** doble.

Su Graciosa Majestad: en este caso se refiere a Luis XIV.

Soldada: remuneración que reciben los soldados.

–¿Cómo? ¿Crees que hemos montado toda esta expedición por una miserable **limosna**?

Limosna: en este caso, pequeña cantidad de dinero.

Entre los filibusteros empieza a respirarse un aire de revuel-
ta, que los guardias apenas logran contener... Ducasse intenta
interceder.

–Amigos míos, calma, escuchad...

–Vete al diablo. ¡Nos has mentido!

Pointis, inflexible, da la orden de zarpar. Uno a uno, los
navíos de la flota, sobrecargados con el colosal botín, abandonan los muelles. Contemplo con el corazón encogido las
embarcaciones de mis viejos compañeros: tienen toda la razón
de sentirse estafados. Para ellos, el botín obtenido debería
repartirse en partes iguales entre todos... Pero enseguida retro-
ceden y abandonan nuestra compañía: regresan a Cartagena
para arrebatar a la población las riquezas que les habíamos
dejado. ¿Cómo reprochárselo?

Epílogo

Las campanas redoblan, y el sol nos deslumbra al salir del oficio fúnebre. En esta mañana de junio de 1707, acabo de asistir a los funerales del conde de Estrées, el benefactor de mi familia.

Hace ya diez años que he dejado en tierra firme, creo que definitivamente, mi maletín de cirujano. Mis libros editados en francés han tenido un gran éxito, y mi reputación de cirujano, aventurero y escritor me abre las puertas de todos los salones. Pero me resulta difícil explicar la vida de mis viejos camaradas. Me da la sensación de que se me escucha pero no se me comprende del todo.

Duquesas y marqueses hacen corro a mi alrededor.

–Decidnos, señor aventurero, ¿son ustedes tan crueles como se dice?

–Ciertamente, señora. En la república de los piratas, el que comete más crímenes es considerado como un individuo extraordinario.

–¿Y no temen a Dios y a su rey?

–Para la guardia del rey, las Antillas quedan demasiado lejos. En cuanto a Dios... Monbars se consideraba armado por la **Providencia** para que castigase a los españoles por todo el mal que ellos habían causado a los indios.

Providencia: voluntad de Dios.

–Vaya una excusa...

–Su vida es un juego. ¿Acaso no lanzan sus dados sin cesar para ganarle la partida al azar, la **servidumbre** o la fatalidad?

–¡... Y a las gentes decentes!

–Puede ser, pero no temen la justicia de los hombres. Uno de ellos, a punto de ser ejecutado, tuvo aún ánimos para bromear diciendo: «Estoy quedándome tan flaco que si esto dura mucho más me temo que mi cuerpo no tendrá fuerza suficiente para deshacer el nudo de la cuerda».

–¿Pero cómo habéis podido permanecer tanto tiempo junto a esos bribones sin leyes ni fe?

–Os equivocáis, entre ellos reina el orden más perfecto que imaginarse pueda. Todo lo que consiguen, se lo reparten a partes iguales, y si alguno de ellos pretende quedarse para él solo, aunque sea con una mínima parte del botín que a todos ellos pertenece, enseguida se le pone **en cuarentena**.

Servidumbre: servitud, esclavitud.
En cuarentena: aislado de los otros.
Jarcia: cabo.

–¡Cualquiera diría que son unos santos!

–Por supuesto que no, pero sí que es cierto que son más corteses y caritativos que la mayoría.

Los verdaderos recuerdos sobre mis correrías los guardo en lo más profundo de mi corazón. De los viejos compañeros de los que hablo, apenas unos pocos han pasado de los treinta debido a sus locas aventuras.

Y es que la vida de los hermanos de la costa es la que llevan todos los marinos: gruesas **jarcias** que les destrozan las manos, noches en vela haciendo guardia, terribles vientos y huracanes, el riesgo de encuentros inoportunos, los inconvenientes de una alimentación pobre que hace que se les caigan los dientes, el agua estancada de los toneles que han de beber con la nariz tapada, el hambre, la sed, los **parásitos**... Y, de vez en cuando, el cadáver de un amigo echado por la borda, la perspectiva de una soga...

Parásitos: insectos tales como las pulgas, los piojos, las garrapatas...

Pero también el frenesí de los abordajes, el orgullo de engañar a los perseguidores y atraparlos, la alegría del botín, y las semanas de juego y bebida que le siguen. Y esa libertad de sentirse esclavos de las pasiones, sí, pero libres para realizar todos sus caprichos y deseos.

Los tiempos han cambiado, y las Indias se han convertido en las islas del azúcar. Es el campo de acción de las flotas reales y de las compañías de comercio. Ya no hay más «enganchados», sino que ahora se reemplazan con miles y miles de esclavos. Los poquísimos bucaneros que quedan se han visto relegados a alguna que otra recóndita zona selvática y, según me han contado, los piratas hacen ahora de las suyas en el océano Índico. Por otro lado, todos mis antiguos compañeros han muerto o bien han pasado a llevar una vida pacífica.

Después de todo, tengo muchas cosas en común con ellos: siempre me ha gustado ir a contracorriente, evitar el camino de la gente de bien, que dirige su vida por senderos establecidos...

A FINALES DEL SIGLO XVII,

Francia, Inglaterra y las Provincias Unidas consiguieron su objetivo de poner fin al monopolio español de las riquezas del Nuevo Mundo.

El fin de una época
Las Antillas se convirtieron en unas colonias explotadas de forma metódica. La población indígena fue diezmada, la selva dio paso a enormes plantaciones y el tiempo de los piratas y los bucaneros tocó a su fin.

Puerto de Burdeos en el siglo XVIII

Sirvienta llevando una taza de chocolate en sus manos

Rendición de los holandeses ante el conde de Tolosa

Las nuevas reglas
A partir de ese momento, el comercio atlántico generó tal cantidad de dinero que las armadas inglesa, holandesa y francesa tenían por misión proteger las rutas marítimas tanto contra las potencias enemigas como contra los piratas.

Los puertos

Los puertos del Atlántico, como los de Burdeos y Nantes, acumularon una inmensa riqueza en el siglo XVIII, ya que eran el punto de partida y de llegada del tráfico comercial con el Nuevo Mundo.

Los esclavos

Para trabajar en las plantaciones se transportaron cientos de miles de africanos en condiciones infrahumanas hasta América, donde se vendieron como esclavos.

Barcos negreros utilizados para transportar esclavos al continente americano

Las bodegas de los barcos negreros se concibieron de manera que pudieran dar cabida al mayor número posible de esclavos

> 66 Los tiempos cambian, y las Antillas se convierten en las islas del azúcar. 99

Nuevos productos

Al principio, el café, el chocolate, el té y el resto de «productos tropicales» que se producían en las Antillas eran muy caros, pero poco a poco su consumo se extendió entre todas las capas de las sociedades europeas.

HISTORIA Y LEYENDA DE LOS PIRATAS

LA LEYENDA

La historia de los piratas del Caribe es, ante todo, la historia de una leyenda. Todos nos hemos disfrazado alguna vez de piratas cuando éramos pequeños...
La imagen de los filibusteros nos es tan familiar gracias en gran parte a la literatura de aventuras, y muy especialmente a *La isla del tesoro* de Robert Louis Stevenson. También lo es gracias al cine, pues no en vano durante mucho tiempo las películas de piratas han constituido un género propio, como en el caso de los *westerns*. Y, como suele suceder, las leyendas han acabado alejándose de la realidad histórica.

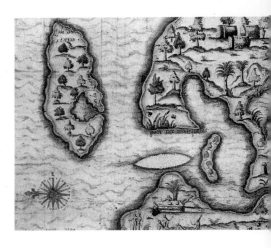

LOS TESTIMONIOS

Los historiadores han estudiado a fondo los testimonios de los propios piratas, o bien de aquellos que en su día los conocieron.
En la primera categoría destaca sobre todo el relato de Alexandre-Olivier Exquemelin (o Exmelin), *Bucaneros de América*, que gozó de una enorme popularidad desde sus primeras ediciones, entre 1678 y 1699. Es precisamente la guía que hemos utilizado en este libro para seguir los pasos de los piratas.
Otra fuente imprescindible es Daniel Defoe, el célebre autor de *Las aventuras de Robinsón Crusoe*, quien publicó bajo el pseudónimo del capitán Johnson una *Historia general de los robos y asesinatos de los más famosos piratas*.

La isla de La Tortuga
Esta pequeña isla de 190 km² está situada 10 km al norte de Santo Domingo. En un principio la habitaron campesinos y bucaneros ingleses y franceses a principios del siglo XVII. En 1640, los franceses se adueñaron de la isla y expulsaron a los ingleses y a los españoles. Entonces La Tortuga se convirtió en el principal refugio de los piratas de la región. Vivió su época de máximo esplendor bajo el dominio de Bertrand d'Ogeron (1665-1672), quien mandó levantar una fortaleza.

LA REALIDAD HISTÓRICA

Los estudios históricos permiten establecer ciertas verdades históricas.

Los saqueos y ataques de los piratas, tanto reales como supuestos, se explican en cierto modo por el deseo de los reyes de Francia e Inglaterra de impedir el monopolio español de las riquezas del Nuevo Mundo. Por otro lado, cabe vincular también la ferocidad de los piratas a la de las guerras de religión entre católicos y protestantes que devastaron media Europa varias décadas atrás. La distinción entre corsarios al servicio del rey y piratas por cuenta propia es muy difusa. Y es que estos aventureros, que con frecuencia eran marineros que no soportaban la dura e intransigente disciplina de las armadas reales, tomaron más plazas fortificadas del Nuevo Mundo que los navíos de guerra españoles mejor pertrechados.

EL PUNTO DE VISTA DEL AUTOR

Uno siempre debe adoptar una actitud un tanto escéptica al leer un relato de aventuras: ¿y si el autor nos está mintiendo? Aunque no es ésa la impresión que se tiene al leer la obra de Exquemelin. Al contrario, a menudo uno siente que no vaya más allá, como si se estuviera escondiendo detrás de sus personajes, como hacen los novelistas. Es evidente que tuvo que mostrar en todo momento una actitud de prudencia y respeto por las autoridades, pero ¡qué importa!... Todos tenemos derecho a guardar nuestros secretos. ¿Quién sabe? A lo mejor algún día descubrimos lo que no nos quiso contar oculto en un cofre en medio de una isla desierta...

Barbanegra
Edward Teach, que así se llamaba en realidad, fue un pirata inglés (1680-1718) que aterrorizó a las poblaciones de la costa americana. Tenía una imponente barba negra en la que solía hacerse trenzas. Su aspecto, unido a su brutalidad, hicieron de él una de las figuras más temidas del mundo de la piratería.

18 s: G. Engelmann (1788-1839), *El dragón misionero*, litografía, París, BNF. © Bridgeman Giraudon-Lauros; ciz: W. Wissmig (1656-1687), *Retrato de Guillermo II*, Bath, Holburne Museum, © The Bridgeman Art Library; cd: A. Sánchez-Coello (1531-1588), *Retrato de Felipe II*, óleo sobre tela, Château de Versailles et du Trianon, © RMN/Jean-Lewandowski; c: Escuela francesa del siglo XVII (de J. Callot), *El sitio de la Rochelle*, óleo sobre tela, Château de Versailles et du Trianon, © RMN/G. Blot.

19: J. Werner (1637-1710), *Luis XIV con armadura*, 1663, *gouache*, Château de Versailles et du Trianon, © RMN/G. Blot.

30 siz: grabado en color de Th. de Bry, *Mina de oro*, 1596, © AKG, París; iiz: piezas de a ocho, colección particular, DR; s: cafetal, colección particular, DR;

s: Z. Wagner (1614-1668), caña de azúcar, acuarela, Dresde, Staatliches Kupfertichkabinett, © AKG, París; c: planta de tabaco, colección particular, DR; i: litografía, hacia 1820, fruto del cacao, © AKG, París.

31: siega de la caña de azúcar, colección particular, DR.

42 s: azote, colección particular, DR; c: plantación de las Antillas, colección particular, DR.

43 siz: cazabe, © RG Plant, DR; sc: preparación del cazabe, © JB Labat-DR; i: suplicio del cepo, colección particular, DR.

54 iz: *Bucanero con su perro*, grabado de 1775 procedente del libro de Exquemelin, colección particular, DR; d: *Escenas de la vida de un bucanero en la planicie de Santo Domingo*, colección particular, DR.

55 s: *Caza de la tortuga*, DR; c: dibujo de M. Rochette, DR.

66 siz: grabado de A. Debelle (1805-1897), *Henry Morgan*, París, BNF, © AKG, París; sd: grabado de

A. Debelle (1805-1987), *El caballero de Grammont*, París, BNF, © AKG, París; i: grabado en color del siglo XIX, *Mary Read*, © AKG, París.

67 iz: banderas piratas, © CORBIS/Bettmann; izc: bandera roja de los piratas, © Col. ES-Explorer Archives; sd: grabado holandés, *Jean David Nau, el Olonés*, París, BNF, © Col. Roger-Viollet; c: luis de oro, documento de Jean Vinchon, París, © Dagli Orti, París; c: escudos españoles, moneda de Fernando el Católico, Madrid, Museo de la Moneda, © Artephot/Oronoz; id: cofre «de Nuremberg», protegido con un sistema de trece cierres, construido en madera y metal a finales del siglo XVI, Marsella, Musée du vieux-Marseille, © Bridgeman Giraudon.

76: Th. Gudin (1802-1880), *Toma de un galeón español por el filibustero Pierre Legrand en la bahía de las Bahamas*, 1643, óleo sobre tela, Château de Versailles et du Trianon, © RMN/Hervé Lewandowski;

i: cañón, © P. Léger/Gallimard.

77 s: grabado de principios del siglo XIX, *Abordaje del Tritón por el navío corsario Le Hasard*, París, Bibliothèque des Arts décoratifs, © Dagli Orti, París; armas diversas, © P. Léger/Gallimard; i: utensilios para el estudio de la anatomía, siglo XVII, Roma, Museo del arte sanitario, © Dagli Orti, París.

86 siz: H. Pyles (1853-1911), *Suplicio de la plancha*, grabado coloreado, colección privada, © The Bridgeman Art Library; iiz: tiburón, ilustración de P. Robin; sd: escuela estadounidense del siglo XX, *El capitán Kid colgado*, Washington, Biblioteca del Congreso, © The Bridgeman Art Library; id: patas de palo, © P. Léger/Gallimard.

87 s: cidras, DR; i: grabado de Daumier, colección privada, DR.

98 s: *Indio caribe*, grabado, colección privada, DR; i: grabado en color de Th. de Bry, *Batalla de los españoles contra piratas franceses en Cuba*, 1595, Augsburgo, Biblioteca Nacional, © BPK.

99 s: *Plaza fuerte de filibusteros, la torre de Ogeron, siglo* XVII, © ilustración de F. Brosse; c: cañones de las murallas de Cartagena de Indias, © Hémisphères/J.-B. Rabouan; i: grabado de Th. de Bry, 1595, *Ataque a Cartagena de los franceses*, Augsburgo, Biblioteca Nacional, © BPK.

108 s: pipa de madera, colección de Gallimard, DR; i: juego de cartas, principios del siglo XVIII, Museo Español de Antigüedades, © colección Grob/Kharbine-Tapabor.

109: G. Alaux (1887-1965), *Filibusteros*, © Roger-Viollet/P. Barbier-copyright ADAGP, París 2003-01-29.

122 s: J.-E. Liotard (1702-1789), *Muchacha con una taza de chocolate*, pastel, 1744, Dresde, Gemäldegalerie, © AKG, París; i: grabado del siglo XVIII, *Victoria de la armada real de Luis XIV en 1704 sobre la flota inglesa y holandesa*, París, BNF, © Bridgeman Giraudon-Lauros; c: J. Vernet (1714-1789), *Primera vista del puerto de Burdeos tomada desde el lado de las salinas*, 1759, París, Musée de la Marine, © RMN.

123 siz: J.-H. Bernardin de Saint-Pierre (1737-1814), *Corte transversal de un barco de esclavos*, de un manuscrito del artista, tinta sobre papel, París, Bibliothèque de l'Arsenal, © Bridgeman Giraudon/Archives Charmet; sd: grabado del siglo XVIII, *Barco negrero*, París, Musée des Arts Africains et Océaniques, © Dagli Orti, París; i: mapa de la Martinica (Antillas francesas), © colección Rogert-Viollet.

124: *La isla de La Tortuga*, grabado acuarela extraído de *Breve discurso sobre las cosas remarcables*, Champlain, 1600, colección particular.

125: *El pirata Barbanegra*, Biblioteca pública de Nueva York, Astor, Lennox and Tilden Foundations, DR.

BIBLIOGRAFÍA

Conan Doyle, A., *Historias de piratas*, Valdemar, 1997.

Defoe, D., *Historia general de los robos y asesinatos de los más famosos piratas*, Valdemar, 2001.

Defoe, D., *Cuentos de crímenes, fantasmas y piratas*, Valdemar, 2002.

Exquemelin, A.O., *Bucaneros de América*, Valdemar, 1999.

Le Bris, M., *Oro, sangre y sueños: la epopeya del filibusterismo*, Espasa-Calpe, S.A., 2003.

Platt, R., *Corsarios y piratas*, Ed. Altea, S.A., Grupo Santillana, 1995.

Stevenson, R. L., *La isla del tesoro*, Espasa-Calpe, S.A., 1998.

PÁGINAS WEB

www.diba.es/mmaritim/index.htm

www.enredos.org/personaje.shtml

www.artehistoria.com/

www.fortunecity.es/imaginapoder/humanidades/587/filibusteros.htm